村民民法典实用手册

以案释法版

中国法制出版社
CHINA LEGAL PUBLISHING HOUSE

前言

PREFACE

如今的新农村，有让人羡慕的新鲜空气、青山绿水；如今的新农民，有知识有头脑，能够利用科技、网络与好政策等发家致富。特别是自党的十八大以来，我国打响了“脱贫攻坚战”，至2020年，脱贫攻坚取得了决定性胜利，实现了现行标准下农村贫困人口全部脱贫、贫困县全部摘帽，由此，我国将在全面建成小康社会的基础上全面建设社会主义现代化国家。在如此美好的大环境下，农村将发展得越来越好。

再美好的生活，也离不开法律制度的保障。因为，只有让绝对的自由控制在有限的框架内，才能保障最广大群众的利益，才能保证社会的公平与秩序。

众所周知，2020年是不平凡的一年。这一年，中华人民共和国成立后的第一部以法典命名的法律诞生了，它便是民法典。《中华人民共和国民法典》自2021年1月1日起施行，与我们的生活息息相关、密不可分，被誉为“社会生活的百科全书”。随着民法典的实施，全国上下掀起了学习民法典的高潮。放眼望去，在机关、在学校、在街道、在企业……都有宣传和学习民法典的“风景”，当然，也少不了我们最为广袤的农村。

在农村，有很多事情等待民法典的解答，如“结婚前，我爸妈给我盖了新房，结婚后房产证才下来，这房子是属于我们小两口还是我自己？”又如“我是嫁出去的闺女，以后爹妈的财产都归弟弟，那我是不是不用再养爹妈了？”再如“我丈夫在外打工有了新欢，我要跟他离婚，孩子的抚养权从法律上该怎么判呢？”还有关于房屋、土地、邻里、婚姻家庭、生意营生、人格尊严等很多很多的问题，都需要民法典的“裁判”。因此，对于广大的村民来说，踏踏实实地学习民法典相关的知识，是很有必要的。

在此，为了帮助村民朋友学习民法典，我们特别编写了《村民民法典实用手册》一书。在本书中，我们选取了与村民生活息息相关的案例，通过“案情回放+法律解析+法条链接”的模式，以案说法，娓娓道来，将民法典中的一些知识通过通俗易懂的语言传递给大家，相信大家一定能看得懂、读得进、学得透！

此外，作为一本围绕农村生活的民法典普及书，本书内容广泛，涉及所有权、土地承包、宅基地、相邻关系、婚姻家庭、遗产继承、人格权利、借贷、合同、侵权纠纷等各个领域，相信大家在学习了本书之后，遇见的很多法律问题都能迎刃而解！

诚然，由于时间和编写人员水平的限制，书中可能存在一些不妥之处，欢迎批评指正！

本书编委会

2022 年 6 月

目录
CONTENTS

第一章 所有权

第二章 土地承包经营权

第三章　宅基地使用权、相邻权与地役权

第四章 婚姻家庭

第五章　遗产继承

第六章 人格权利

第七章 侵权纠纷

第八章　买卖、赠与、租赁与借贷

第九章 担保与保证

第一章

所有权

1. 农村宅基地上建造的房屋，所有权自何时设立？

案情回放

孙某父亲于2015年在新申请的宅基地上建造了新房屋，准备给儿子娶媳妇用。房屋于2015年8月23日建造完成。2016年3月，孙某与张某结婚。2016年6月，新房的产权证办下来了，房主为孙某。两人本想踏踏实实过日子，然而婚后好几年，因为没有小孩，他们经常互相指责、争吵。2021年5月，张某向孙某表达了想要离婚并且分割房屋和财产的想法。孙某同意张某提出的离婚和分割财产的请求，但在分割房屋的问题上，孙某持不同的观点。孙某认为，房屋是婚前由父母建造的，是自己的婚前财产，张某无权请求分割。张某则认为房产证是在结婚后办的，房屋应属于夫妻共同财产，自己有一定的份额，可以分割。那么，张某的想法对吗？农村宅基地上建造的房屋，所有权自何时设立？

法律解析

农村宅基地上建造的房屋，所有权并非登记之日设立，而是在房屋建造完成之日设立。我国《民法典》第209条规定："不动产物权的设立、变更、转让和消灭，经依法登记，发生效力；未经登记，不发生效力，但是法律另有规定的除外。依法属于国家所有的自然资源，所有权可以不登记。”可见，不动产物权的登记是不动产物权设立、变更、转让和消灭的生效要件，但法律另有规定的除外。此处的“法律另有规定”的不动产物权的设立不以登记为生效要件，主要包括四种类型：一是依法属于国家所有的自然资源；二是因人民法院、仲裁机构的法律文书或者人民政府的征收决定等引起物权的设立、变更、转让或者消灭的，自法律文书或者征收决定生效之日起发生效力；三是因继承取得物权的，自继承开始时发生效力；四是宅基地上因建造、拆除房屋等行为设立和消灭物权的，自房屋被建成之日或拆除之日起发生效力。其中，第四点的法律依据为《民法典》第231条的规定：“因合法建造、拆除房屋等事实行为设立或者消灭物权的，自事实行为成就时发生效力。”

在上面的案例中，房屋的所有权自建造完成之日起设立，并非房产登记之日起设立。也就是说，在2015年8月23日房屋建成之时，孙某就拥有了房屋的所有权。当然，虽然房屋是由孙某父亲出资所建，但房屋用途是给孙某娶媳妇，显然可以视为对孙某的赠与，建成后的房屋自然归孙某所有。而孙某结婚之日为2016年3月，此日期在房屋建成之后，那么，房屋就不属于夫妻共同财产。孙某之妻张某的想法是不正确的。

法条链接

《中华人民共和国民法典》第 209 条、第 231 条

2. 村里的土地被征收后，应该作何补偿？

案情回放

10 年前，在外务工的老杨决定回村养老。他向村里申请承包了 10 亩机动田用于种植大蒜。之后，他投入了很多资金和精力搞大蒜种植。多年来，老杨的大蒜生意经营得不错，收入也越来越可观。如今，老杨所在的县正在大力进行旅游开发，根据县政府的规划，老杨所在的村子将被打造成新农村旅游度假村，老杨的大蒜地也在征收范围内。老杨有点不情愿，自己花了金钱和心血的大蒜地就这样被政府征收。他想知道，土地被征收后，政府如何补偿自己呢？

法律解析

对于普通农户而言，土地是其赖以生活的基础。但是，我国《民法典》第 243 条第 1 款规定："为了公共利益的需要，依照法律规定的权限和程序可以征收集体所有的土地和组织、

个人的房屋以及其他不动产。”换言之，在某些情况下，为了公共利益，政府可以征收农户的土地，但是其要按照法律规定的程序进行，满足法律规定的权限。同时，根据该条第2款、第3款的规定：“征收集体所有的土地，应当依法及时足额支付土地补偿费、安置补助费以及农村村民住宅、其他地上附着物和青苗等的补偿费用，并安排被征地农民的社会保障费用，保障被征地农民的生活，维护被征地农民的合法权益。征收组织、个人的房屋以及其他不动产，应当依法给予征收补偿，维护被征收人的合法权益；征收个人住宅的，还应当保障被征收人的居住条件。”也就是说，在征收农户的土地时，政府应当支付农户相应的补偿，包括土地补偿费、安置补助费以及农村村民住宅、其他地上附着物和青苗等的补偿费用、社会保障费用。

在上面的案例中，老杨的大蒜地被征收了，他可以依法获得足额的土地补偿费、地上附着物和青苗等的补偿费用。

法条链接

《中华人民共和国民法典》第243条第1款、第2款、第3款

3. 渔民发现无人小岛，是不是可以据为己有进行开发？

案情回放

小张和小王出生在沿海地带，祖辈靠海而居，多以打鱼为生。某天，小张和小王一起出海打鱼的时候，遇上了浓雾和狂风。在恶劣的天气之中，他们根本无法控制渔船的方向，两人在海上漂流了一天一夜后，漂到了一个岛上。他们发现，岛上无人居住，有很多野果和没有被开采的珍稀药材。两周后，两人被路过的船只发现并帮助他们回了家。回家后，小张查阅了很多资料都没有发现关于这个小岛的记录，于是他心中暗喜：是不是他们能去开发一番呢？那么，小张和小王可以就此将无人岛据为己有吗？无人岛的所有权应当属于谁呢？

法律解析

为了最大限度地利用海岛的自然资源，我国《民法典》第248条规定："无居民海岛属于国家所有，国务院代表国家行使无居民海岛所有权。"换言之，无人岛的所有权归属于国家，而国务院代表国家对无人岛进行开发、利用，发挥无人岛的价值。

在上面的案例中，小张和小王虽然偶然间发现了无人岛，但他们并不能因此对无人岛享有所有权，更不能擅自予以开发。小张和小王应当及时把自己的发现告诉当地政府，由政府决定是否对无人岛进行开发，发挥其价值。

法条链接

《中华人民共和国民法典》第248条

4. 兄弟三人想将共有的住房重建，应当经过几人同意？

案情回放

张甲、张乙、张丙三人是亲兄弟。三人的父母去世前留下遗嘱，三人共同继承宅基地上的房屋，分别占有房屋三分之一的份额。在父母去世之后，兄弟三人对该房屋进行了产权变更登记，登记为三人共有。5月，张甲提出，想要把这房屋推倒重建。张甲和张乙平时都在村里居住，张乙认为将房屋推倒重建，重新装修，兄弟几人住在一起也可以相互照顾，便同意了张甲的想法。然而，张丙已经在城里买了房，他平时在城里居住，并不想重建房屋。那么张甲和张乙能够不经过张丙的同意，就将三人共有的房屋推倒重建吗？

法律解析

我国《民法典》第 301 条规定："处分共有的不动产或者动产以及对共有的不动产或者动产作重大修缮、变更性质或者用途的，应当经占份额三分之二以上的按份共有人或者全体共同共有人同意，但是共有人之间另有约定的除外。"也就是说，对于按份共有之房屋，为了保护按份共有人之合法权益，如果对该房屋进行重大修缮、变更其性质或者用途，应当经三分之二以上的按份共有人同意。同时，根据《民法典》第1259条之规定："民法所称的'以上'、'以下'、'以内'、'届满'，包括本数；所称的'不满'、'超过'、'以外'，不包括本数。"也就是说，这里的占房屋三分之二以上份额的共有人，包含三分之二。

在上面的案例中，张甲、张乙、张丙各占房屋的三分之一，张甲和张乙的份额加在一起已经有三分之二，如无特别约定，两人可以不经张丙同意，将房屋推倒重建。但是不容回避的是，对于重建房屋的费用，张家兄弟之间应该做好协商，以避免因此引起不必要的纠纷。

法条链接

《中华人民共和国民法典》第 301 条、第 1259 条

5. 遗失物没人领，最终会归谁所有？

案情回放

一天，小明和妈妈吃完晚饭到村口散步的时候，捡到一条金项链。这条金项链还带有一个玫瑰形状的吊坠，样式十分独特、精美，一定价值不菲。小明和妈妈在路边等了很久，也没见人来寻找。于是，他们将这条金项链交到了离村子不远的小镇派出所。2个月过去了，小明想起2个月前捡的那条金项链，就给派出所打电话询问情况。派出所民警告诉小明，派出所已经发布了招领公告，但至今还没有人来认领。小明想知道，如果遗失的物品最终无人认领的话，会归谁所有呢？

法律解析

对于他人遗失之物，我国《民法典》第314条规定："拾得遗失物，应当返还权利人。拾得人应当及时通知权利人领取，或者送交公安等有关部门。""拾金不昧"是我国法律倡导的美德，当我们捡到他人遗失之物时，应当通知物主或者交给公安等有关部门。同时，《民法典》第315条规定："有关部门收到遗失物，知道权利人的，应当及时通知其领取；不知道的，应当及时发布招领公告。”也就是说，有关部门收到遗失物后，应当及时发布失物招领公告。而根据《民法典》第318条之规定：“遗失物自发布招领公告之日起一年内无人认领的，归国家所有。”如果此物在公告发布之日起1年内无人认领，将归国家所有。

在上面的案例中，小明捡到了金项链并交到了派出所，在派出所发布失物招领公告之日起1年内若无人认领此项链，其所有权将归属于国家。

法条链接

《中华人民共和国民法典》第314条、第315条、第318条

6. 集体土地所有权可以用来抵押贷款吗？

案情回放

王场村是一个生态资源丰富的村子，依山傍水，风景秀丽，但过去村里一直以织布产业为主，经济发展不景气，越来越多的年轻人离开王场村前往大城市发展。王某是该村的村支书，为了促进本村经济的发展，吸引年轻人回村创业，他打算以村集体的名义成立一家公司，在村内打造一家大型农家乐，不仅

可以通过公司引进果园种植，发展特色农业，打造生态民宿等，还可以由公司注册商标统一销售村民的特产，全面提升全村的经济发展和村民的收入水平。但因为很多村民没有足够的资金入股，于是他们提议王某将村集体的土地所有权拿去银行抵押贷款作为启动资金。那么请问，集体土地所有权可以用来抵押贷款吗？

法律解析

集体土地所有权不可以用来抵押贷款。我国《民法典》第399条规定：“下列财产不得抵押：（一）土地所有权；（二）宅基地、自留地、自留山等集体所有土地的使用权，但是法律规定可以抵押的除外；（三）学校、幼儿园、医疗机构等为公益目的成立的非营利法人的教育设施、医疗卫生设施和其他公益设施；（四）所有权、使用权不明或者有争议的财产；（五）依法被查封、扣押、监管的财产；（六）法律、行政法规规定不得抵押的其他财产。”根据上述规定，土地所有权是不得抵押的，土地所有权不仅包括国有土地的所有权，也包括集体土地的所有权。也就是说，集体土地所有权是不允许抵押的。这是因为如果允许集体土地所有权抵押，实现抵押权时，必然带来土地所有权归属的改变，进而违反宪法和法律关于我国土地只能归国家或者集体所有的规定，因此，土地所有权不得抵押。

在上面的案例中，王场村以村集体的名义成立公司是符合法律规定的，村支书王某带领村民发家致富的想法也是好的，但是不可以将村集体的土地所有权拿去银行抵押贷款，因为法律明确规定禁止土地所有权的抵押。

法条链接

《中华人民共和国民法典》第 399 条

7. 土地“农转非”，需要经过怎样的法律手续？

案情回放

46 岁的黄某是长城村一名建档立卡贫困户，因腰椎间盘突出，干不了重体力活，其母亲也身患重病，花费医药费数万元，加上孩子的教育开支，一家人生活窘迫。为了不让家人继续过捉襟见肘的日子，黄某决定改变现状，靠养猪脱贫。去年，黄某在自家农地里搭建了简易的猪棚，购入 10 余头猪，开始了他的养猪生涯。一年时间过去了，黄某靠养猪收入 2 万余元，顺利实现脱贫。今年，黄某决定扩大养猪规模，将养猪场扩建为 150 平方米，但在扩建时却被村民告知要想将农村的土地“农转非”，改变土地用途，在耕地上建设大规模的养猪场，需要经过审批才行，不然是违法的。那么请问，土地“农转非”，需要经过怎样的法律手续呢？

法律解析

建设占用土地，涉及农用地转为建设用地的，应当办理农用地转用审批手续。我国《民法典》第 361 条规定：“集体所有的土地作为建设用地的，应当依照土地管理的法律规定办理。”同时，我国《土地管理法》第 44 条规定：“建设占用土地，涉及农用地转为建设用地的，应当办理农用地转用审批手续。永久基本农田转为建设用地的，由国务院批准。在土地利用总体规划确定的城市和村庄、集镇建设用地规模范围内，为实施该规划而将永久基本农田以外的农用地转为建设用地的，按土地利用年度计划分批次按照国务院规定由原批准土地利用总体规划的机关或者其授权的机关批准。在已批准的农用地转用范围内，具体建设项目用地可以由市、县人民政府批准。在土地利用总体规划确定的城市和村庄、集镇建设用地规模范围外，将永久基本农田以外的农用地转为建设用地的，由国务院或者国务院授权的省、自治区、直辖市人民政府批准。”也就是说，将农用地转为建设用地，应当办理农用地转用审批手续。涉及永久基本农田转为建设用地的，由国务院批准。而不涉及永久基本农田转用的，实行分级审批。一种是在土地利用总体规划确定的城市和村庄、集镇建设用地规模范围内，为实施该规划而将永久基本农田以外的农用地转为建设用地的，按土地利用年度计划分批次按照国务院规定由原批准土地利用总体规划的机关或者其授权的机关批准。另一种是在土地利用总体规划确定的城市和村庄、集镇建设用地规模范围外，将永久基本农田以外的农用地转为建设用地的，由国务院或者国务院授权的省、自治区、直辖市人民政府批准。

在上面的案例中，黄某打算在自家农用地上建设大规模养猪场，涉及土地性质的“农转非”，应当办理农用地转用审批手续。如果黄某承包的土地属于永久基本农田，则需要国务院批准。如果黄某承包的土地不属于永久基本农田，且在该村土地利用总体规划确定的建设用地规模范围内，只需要由原批准土地利用总体规划的机关或者其授权的机关批准；而如果是在该村土地利用总体规划确定的建设用地规模范围外，则需要国务院或者国务院授权的省、自治区、直辖市人民政府批准。该村村民的说法是正确的，黄某不能擅自在这块土地上建设大规模养猪场，否则就属于违法行为，养猪场将面临被拆除的风险。

法条链接

《中华人民共和国民法典》第361条

《中华人民共和国土地管理法》第44条

8. 流经村里的河流，所有权归村集体所有吗？

案情回放

张家村和李家村是相邻的两个村庄，张家村有一条流经该村的河流，但该条河流却不流经李家村。张某和李某分别是张家村和李家村的村民，恰巧两人的农田也相邻，因为李某比张某勤劳能干，经常不辞辛苦地去农地里照看庄稼，因此李某农地里的庄稼总是比张某地里收成多。李某不怕麻烦跑到张家村的小河中取水灌溉自己地里的庄稼。张某因为嫉妒李某地里的庄稼总是长得比自己地里的好，于是就想办法不让李某从本村取水灌溉。他告诉李某以后不能再从张家村的河流中取水灌溉，因为这条小河流经的是张家村，所有权归属于张家村全体村民，而李某不是张家村村民，无权取用张家村的河水，李某听了之后感觉很疑惑，他也不知道张某说的是否正确。那么请问，流经张家村的河流，所有权归张家村集体所有吗？

法律解析

流经村里的河流，所有权不归村集体所有。我国《民法典》第247条规定：“矿藏、水流、海域属于国家所有。”第260条规定：“集体所有的不动产和动产包括：（一）法律规定属于集体所有的土地和森林、山岭、草原、荒地、滩涂；（二）集体所有的建筑物、生产设施、农田水利设施；（三）集体所有的教育、科学、文化、卫生、体育等设施；（四）集体所有的其他不动产和动产。”也就是说，法律明确规定河流属于国家所有，法律明确列举的归集体所有的财产仅包括土地和森林、山岭、草原、荒地、滩涂等，并不包括河流。当然，如果集体在村内兴建农田水利设施，比如水渠、水库，则属于该村集体所有。

在上面的案例中，流经张家村的河流所有权并不属于张家村集体，张某无权决定李某是否能够取用该河流的河水灌溉农田。

法条链接

《中华人民共和国民法典》第247条、第260条

9. 哪些事项应当依照法定程序经村集体成员共同决定?

案情回放

张某是甲村村支书，叶某是附近某城镇居民。叶某在城里开了一家水果超市，生意非常红火，为了节省从外地进货运输的成本，叶某决定在甲村承包10亩农田种植水果。2010年3月，经人介绍，叶某找到张某，二人商议后签订了土地承包协议，约定由叶某在甲村承包耕地10亩，承包期限为10年，价格是每亩每年1000元。2012年12月，有一个外商到甲村进行农业投资，也想承包10亩耕地，并出价每亩每年3000元。张某觉得外商开出的条件更有吸引力，于是想要和叶某解除土地承包协议，他给出的理由是村委会将土地发包给村集体以外的组织或个人承包，应当依照法定程序经村集体成员共同决定，而他与叶某签订的土地承包协议未经甲村集体成员共同决定，因此是无效的，但是叶某不同意，双方为此产生了争执。那么请问，究竟哪些事项应当依照法定程序经村集体成员共同决定呢?

法律解析

农民集体所有的不动产和动产，属于本集体成员集体所有，很多重大事项的处理都应当依照法定程序经本集体成员共同决定。我国《民法典》第261条规定："农民集体所有的不动产和动产，属于本集体成员集体所有。下列事项应当依照法定程序经本集体成员决定：（一）土地承包方案以及将土地发包给本集体以外的组织或者个人承包；（二）个别土地承包经营权人之间承包地的调整；（三）土地补偿费等费用的使用、分配办法；（四）集体出资的企业的所有权变动等事项；（五）法律规定的其他事项。"也就是说，法律明确规定了以下几种事项应当依照法定程序经本集体成员决定：土地承包方案以及将土地发包给本集体以外的组织或者个人承包、个别土地承包经营权人之间承包地的调整、土地补偿费等费用的使用和分配办法、集体出资的企业的所有权变动等事项以及法律规定的其他事项。

在上面的案例中，张某将村里的土地发包给村集体以外的个人叶某，与叶某签订土地承包协议时应当依照法定程序经村里集体成员共同决定，因此，叶某所签订的未经村集体成员共同决定的土地承包协议确实是无效的。

法条链接

《中华人民共和国民法典》第261条

第二章

土地承包经营权

10. 土地承包经营期限为多久？

案情回放

李某是斜山沟村的村民，该村地势较为特殊，既背靠一座斜山，又有一片可以耕种的平原。李某学习成绩不好，没有考上大学，于是就回到家里帮父亲种庄稼，农闲时也出门打工挣钱。几年后李某就结婚了，结婚后，李某和父母分了家，成为斜山沟村新增的户主，斜山沟村委会准备给李某分配土地。但是斜山沟村的平原耕地在早年间就已经被其他村民承包完毕了，于是斜山沟村委会就给李某分了斜山上的一片林地。李某在与斜山沟村委会签订土地承包合同时发现林地的承包期限是40年，与耕地承包期限不一致，他猜想可能是因为土地类型不同所以承包期限也不相同。那么请问，土地承包经营期限为多久呢？

法律解析

我国农村土地的承包经营期限根据承包土地类型的不同有所差异。我国《民法典》第332条规定：“耕地的承包期为三十年。草地的承包期为三十年至五十年。林地的承包期为三十年至七十年。前款规定的承包期限届满，由土地承包经营权人依照农村土地承包的法律规定继续承包。”同时，我国《农村土地承包法》第21条规定：“耕地的承包期为三十年。草地的承包期为三十年至五十年。林地的承包期为三十年至七十年。前款规定的耕地承包期届满后再延长三十年，草地、林地承包期届满后依照前款规定相应延长。”也就是说，这三类土地的承包经营期限届满后，应当按照上述承包期限的规定相应延长。

在上面的案例中，斜山沟村委会与李某签订的林地承包经营期限是40年，完全符合法律的相关规定，并且当该林地的承包经营期限到期后，还可以相应延长。

法条链接

《中华人民共和国民法典》第332条

《中华人民共和国农村土地承包法》第21条

11. 土地承包经营权何时生效？其权属凭证是什么？

案情回放

泉水村作为一个地少人多的村子，有很多村民在与父母分家独立门户后都未能及时得到村里分配的土地。但近年来，由于村里的人口变动较大，空闲出来很多耕地，泉水村村委会决定将这些耕地承包给之前没有分到土地的村民。罗某符合条件，很快就与泉水村村委会签订了土地承包经营合同。在签订合同后的当天他就打算去田地里收拾准备种植庄稼，但是却被村委会告知要等到5天之后这块耕地才归他种植，罗某十分纳闷，他认为签了合同之后这块耕地就应该归他种植，土地承包经营权就应当生效了，而且土地承包经营合同就是他的权属凭证，他认为村委会这样做是在故意为难他。那么请问，土地承包经营权究竟何时生效呢？其权属凭证又是什么呢？

法律解析

土地承包经营权的生效时间由土地承包经营合同成立的时间确定，土地承包经营权的权属凭证也不是土地承包经营合同。我国《民法典》第333条规定："土地承包经营权自土地承包经营权合同生效时设立。登记机构应当向土地承包经营权人发放土地承包经营权证、林权证等证书，并登记造册，确认土地承包经营权。"同时，我国《农村土地承包法》第22条规定："发包方应当与承包方签订书面承包合同。承包合同一般包括以下条款：……（三）承包期限和起止日期；……"第23条规定："承包合同自成立之日起生效。承包方自承包合同生效时取得土地承包经营权。"第24条第1款规定："国家对耕地、林地和草地等实行统一登记，登记机构应当向承包方颁发土地承包经营权证或者林权证等证书，并登记造册，确认土地承包经营权。”由此可知，法律规定土地承包经营权自承包合同成立之时取得，这里的成立之时并不一定是合同签订之时，因为土地承包经营合同对承包期限的起止日期会进行约定，如果承包合同中约定承包期自合同签订之日开始，那么承包人就于承包合同签订后立即取得承包权。如果承包合同中约定了具体的承包起止日期，那就要等到约定的日期才能取得承包权。而且，土地承包经营权的权属凭证应当是登记机构向承包人发放的土地承包经营权证、林权证等证书，而不是承包合同。

在上面的案例中，泉水村村委会与罗某签订的土地承包经营合同中对承包起止日期有明确的约定，即罗某可以在签订承包合同5天后取得土地承包经营权，而不是签订承包合同当天就取得土地承包经营权，而且其承包经营权的权属凭证并不是承包合同，应当是后面登记机关给他发放的土地承包经营权证。因此，泉水村村委会的做法符合法律规定，没有故意为难罗某。

法条链接

《中华人民共和国民法典》第333条

《中华人民共和国农村土地承包法》第22条、第23条、第24条第1款

12. 土地承包经营权可以抵押或转让吗？

案情回放

袁某是月亮村的村民，承包了本村 15 亩农地种植庄稼，前几年效益很好，农忙时袁某就花钱雇用邻近几个村的村民帮忙。但今年效益不好，袁某想省下这笔费用，就动员家人和亲戚一起帮忙收种。后来袁某算了笔账，他觉得这几年下来雇用村民的成本其实很高，倒不如直接一次性花钱置办现代化农业设施进行耕种更为省钱，于是他打算去银行申请贷款。但银行告诉他申请贷款需要提供担保，他决定将其承包的 15 亩农地的经营权拿去抵押担保。袁某的妻子知道这件事后觉得行不通，她认为应当将他们承包的 15 亩农地转让出去，获得转让资金后去做点生意，也比拿去给银行抵押划算。那么请问，袁某和袁某妻子可以将土地承包经营权抵押或转让吗？

法律解析

土地承包经营权可以抵押和转让，但会受到一定的限制。我国《民法典》第 334 条规定：“土地承包经营权人依照法律规定，有权将土地承包经营权互换、转让。未经依法批准，不得将承包地用于非农建设。”同时，我国《农村土地承包法》第34条规定：“经发包方同意，承包方可以将全部或者部分的土地承包经营权转让给本集体经济组织的其他农户，由该农户同发包方确立新的承包关系，原承包方与发包方在该土地上的承包关系即行终止。”第47条第1款规定：“承包方可以用承包地的土地经营权向金融机构融资担保，并向发包方备案。受让方通过流转取得的土地经营权，经承包方书面同意并向发包方备案，可以向金融机构融资担保。”由此可知，承包人可以将土地承包经营权转让，但是需要经过发包方同意并且只能转让给本集体经济组织的其他农户，不能转让给其他人。同时，土地承包经营权中的土地经营权可以用来做抵押担保，但是应当向发包方备案。

在上面的案例中，袁某打算用其承包的15亩农地的土地经营权向银行提供抵押担保的做法是符合法律规定的，但是应当向月亮村村委会备案；而袁某妻子提议将该15亩农地转让出去的做法也是合法的，只不过要经过月亮村村委会的同意，并且只能转让给月亮村的其他村民，而不能转让给其他人。

法条链接

《中华人民共和国民法典》第334条

《中华人民共和国农村土地承包法》第34条、第47条第1款

13. 发包人有权决定承包人种植什么吗？

案情回放

荷花村村委会发现隔壁村的几家农户承包村集体农地统一种植草莓十分赚钱，并且种植草莓的同时可以建立草莓采摘园，推出草莓采摘活动，不仅促进了当地的经济发展，还吸引了大量投资，使该村草莓种植业越做越大。因此，荷花村村委会决定在承包本村土地较多的任某的农地里搞个试点，让任某种植草莓并建立草莓采摘园。但是任某并不愿意，因为他承包村里的农地是为了种植蔬菜，在种植蔬菜的这些年，任某建立了稳定的销售渠道，他种植的蔬菜质量好，很多超市和饭店都抢着订货，任某并不愿意尝试自己从来没种植过的草莓。但是荷花村村委会觉得这是一个发展的机会，要求任某必须种植草莓。那么请问，荷花村村委会作为发包人，有权决定承包人任某种植什么吗？

法律解析

发包人无权决定承包人种植的农作物类型。我国《农村土地承包法》第 15 条规定："发包方承担下列义务：……（二）尊重承包方的生产经营自主权，不得干涉承包方依法进行正常的生产经营活动；……”第17条规定：“承包方享有下列权利：（一）依法享有承包地使用、收益的权利，有权自主组织生产经营和处置产品；……”由此可知，自主组织生产经营，是承包人的合法权利，也是承包人最基本、最重要的权利之一，发包人不得干涉。“自行组织生产经营”意味着承包人有权自主决定如何进行农业生产经营，如种植的作物种类、种植时间、种植方式等。同时，发包人也具有尊重承包人生产经营自主权的义务。

在上面的案例中，虽然荷花村村委会的出发点是好的，希望通过在任某的农地里搞试点的方式动员全村种植草莓，从而促进本村的经济发展，但是其做法过于强势。任某作为承包人，完全有权自主决定种植的作物类型，而荷花村村委会作为发包人应当尊重任某的选择，无权决定任某必须种植草莓。

法条链接

《中华人民共和国农村土地承包法》第15条、第17条

14. 土地承包人有权在土地上做哪些事？

案情回放

谢某是泉水村的村民，早些年与村委会签订了土地承包合

同，承包了村头10亩田地种植蔬菜。因为这些蔬菜都是在温室大棚里种植的，比较难打理，谢某夫妇为了能够更好地照看蔬菜，就在田间地头盖了一间简易木板房，农忙时两人就会到木板房里居住，方便进行蔬菜种植工作。因为谢某种植的蔬菜质量很高，吸引了很多蔬菜批发商来购买，谢某因此赚了不少钱。赚钱后，谢某翻盖了自己原来宅基地的房屋，并给儿子办理了婚事。儿子结婚后，谢某夫妇觉得和儿子儿媳居住在一起很不方便，于是打算将自己在承包土地上临时搭建的简易木板房拆除，建造两间农房用来居住和生活。那么请问，谢某有权在承包土地上建造房屋居住吗?

法律解析

土地承包人有权在承包土地上进行农业生产等活动，但未经批准不得进行非农建设。我国《民法典》第331条规定：“土地承包经营权人依法对其承包经营的耕地、林地、草地等享有占有、使用和收益的权利，有权从事种植业、林业、畜牧业等农业生产。”同时，我国《农村土地承包法》第17条规定：“承包方享有下列权利：（一）依法享有承包地使用、收益的权利，有权自主组织生产经营和处置产品；（二）依法互换、转让土地承包经营权；（三）依法流转土地经营权；（四）承包地被依法征收、征用、占用的，有权依法获得相应的补偿；（五）法律、行政法规规定的其他权利。”第 18 条规定：“承包方承担下列义务：（一）维持土地的农业用途，未经依法批准不得用于非农建设；（二）依法保护和合理利用土地，不得给土地造成永久性损害；（三）法律、行政法规规定的其他义务。”也就是说，土地承包人对承包土地享有占有、使用、收益的权利，有权在土地上进行种植业等农业生产活动，可以依法互换、转让土地承包经营权，依法流转土地经营权，当承包地被依法征收、征用、占用时有权依法获得相应的补偿。但是土地承包人同时也应当承担相应的义务，如维持土地的农业用途，未经依法批准不得用于非农建设，依法保护和合理利用土地，不得给土地造成永久性损害等。

在上面的案例中，谢某在其承包土地上种植蔬菜是符合法律规定的，但是，其在承包土地上建造房屋居住属于将土地用于非农建设，未经依法批准是不被允许的。

法条链接

《中华人民共和国民法典》第 331 条

《中华人民共和国农村土地承包法》第 17 条、第 18 条

15. 流转土地经营权的方式有哪些?

案情回放

于某从小就学习成绩不好，高考没有考上大学，于是他父母就想让他留在村里帮忙种植庄稼。但是他觉得种植庄稼赚不了几个钱，打算外出打工赚钱然后自己做生意。几年后，于某赚到了本钱并且在市里开了家饭店，饭店生意一天比一天红火，人手也越来越不够用，于某想说服父母来城里帮忙照顾饭店的生意。但是于某的父母担心他们去了城里后，就没办法继续种植地里的庄稼，会导致土地的闲置和浪费。后来，村里人告诉于某父母，他们可以在保留土地承包经营权的基础上将土地经营权流转出去，这样既能保证土地的充分利用，也能保证他们每年拿到一定的收入。于某父母觉得这是个好主意，决定采纳。那么请问，于某父母可以采取哪些方式流转土地经营权呢?

法律解析

承包人可以采取出租、入股或者其他方式向他人流转土地经营权。我国《民法典》第339条规定:“土地承包经营权人可以自主决定依法采取出租、入股或者其他方式向他人流转土地经营权。”同时，我国《农村土地承包法》第36条规定：“承包方可以自主决定依法采取出租（转包）、入股或者其他方式向他人流转土地经营权，并向发包方备案。”也就是说，承包人可以自主决定如何流转土地经营权，流转的方式包括出租、入股或其他方式。出租是指承包方与非本集体经济组织成员的受让方签订租赁合同，由受让方在合同期限内占有、使用承包地，并按照约定向承包方支付租金；入股是指承包方将土地经营权作为出资方式，投入农民专业合作社、农业公司等，并按照出资协议约定取得分红；其他方式主要是指承包方可以用承包地的土地经营权向金融机构融资担保等。同时，在承包人决定流转土地经营权时应当向发包人备案，这主要是为了确保发包方作为土地所有权人的知情权、监督权，确保农业可持续发展。

在上面的案例中，于某父母可以自主决定流转其土地经营权，流转的方式包括出租、入股和其他方式，并且于某父母在决定流转其土地经营权后，应当向发包方进行备案。

法条链接

《中华人民共和国民法典》第339条

《中华人民共和国农村土地承包法》第36条

16. 土地经营权流转后需要登记吗？

案情回放

林某作为某村的村民，承包了该村5亩耕地和20亩林地，由于前几年的蔬菜市场和水果市场需求量较大，林某在耕地上种植的蔬菜以及在林地上种植的水果销路很好，赚到了不少钱。但近几年来，蔬菜市场和水果市场需求量下降，林某再继续种植下去已经无法获得收益，于是他打算将自己承包的5亩耕地和20亩林地的土地经营权流转出去。恰逢林某的朋友程某以前做过“田园生态农庄”，有过经营耕地和林地的经验，二人很快就签订了为期6年的土地经营权流转协议。同时，程某为了保障自己的权益，决定在签订合同后就向登记机关申请土地经营权登记，但林某认为只要签订了合同就行，不需要再进行登记。那么请问，土地经营权流转后需要登记吗？

法律解析

土地经营权流转后不一定必须进行登记。我国《民法典》第341条规定：“流转期限为五年以上的土地经营权，自流转合同生效时设立。当事人可以向登记机构申请土地经营权登记；未经登记，不得对抗善意第三人。”同时，我国《农村土地承包法》第41条规定：“土地经营权流转期限为五年以上的，当事人可以向登记机构申请土地经营权登记。未经登记，不得对抗善意第三人。”也就是说，土地经营权流转后是否需要登记分为两种情况：（1）土地经营权流转期限没有超过5年的，当事人无须向登记机构申请登记；（2）土地经营权流转期限在5年以上的，当事人可以选择向登记机构申请登记，也可以选择不登记。在第二种情况中，如果承包人出于获得更多的土地流转费用或其他原因，在流转合同期限内又将土地转租给了第三人，同时第三人取得该土地流转经营权属于善意，一旦受让人没有选择对土地经营权进行登记，其便无法向该第三人主张土地经营权，受让人的权利就无法得到很好的保障。

在上面的案例中，程某和林某签订土地经营权流转合同后，程某可以选择向登记机关申请土地经营权登记，也可以不申请。但是因为二人签订的合同期限较长，为了更好地保障程某的权益，程某最好还是进行土地经营权登记。

法条链接

《中华人民共和国民法典》第341条

《中华人民共和国农村土地承包法》第41条

17. 在承包期内，举家迁入城里的，村里可以收回其土地吗？

案情回放

王某是某村的村民，当年王某所在的村非常穷，他觉得在村里种植庄稼没有什么出路，于是就将土地出租给村里的其他村民种植庄稼，自己一个人去城里闯荡。现在王某已经到城里闯荡10多年了，不仅在市里开了自己的门店，把生意经营得十分红火，而且已经娶妻生子，孩子马上就要上小学了。之前王某一家人每年都会回农村老家过年，一直保留农村户口，没有直接迁到城里。但是，因为王某的孩子现在马上要上小学了，他觉得城里的教育条件更好，因此想举家迁到城里落户，但是他又担心村里会因此将其承包的土地收回。那么请问，在承包期内王某举家迁入城里，村委会可以收回王某家的土地吗？

法律解析

承包期内，发包人不得收回土地。我国《民法典》第337条规定："承包期内发包人不得收回承包地。法律另有规定的，依照其规定。"同时，我国《农村土地承包法》第27条规定：

“承包期内，发包方不得收回承包地。国家保护进城农户的土地承包经营权。不得以退出土地承包经营权作为农户进城落户的条件。承包期内，承包农户进城落户的，引导支持其按照自愿有偿原则依法在本集体经济组织内转让土地承包经营权或者将承包地交回发包方，也可以鼓励其流转土地经营权。承包期内，承包方交回承包地或者发包方依法收回承包地时，承包方对其在承包地上投入而提高土地生产能力的，有权获得相应的补偿。”也就是说，在承包期内，发包人不得收回承包地。即便承包人在此期间进城落户了，发包人也无权强制收回承包人的土地。这主要是因为很多农民全家进城后，在城市中不一定能稳定下来，农民进城后扎根是一个长期的过程，不可能一蹴而就，对进城农民来说，承包地的权益是他们在农村的最后一点财产和利益，因此为了更好地保护进城农户的权益，法律规定进城农户既有城镇居民的身份同时又保留其土地承包权益。

在上面的案例中，在土地承包期内，即便王某一家进城落户了，村委会也无权强制收回王某家承包的土地，这主要是为了更好地保护王某及其家人的利益。

法条链接

《中华人民共和国民法典》第 337 条

《中华人民共和国农村土地承包法》第 27 条

第三章

宅基地使用权、相邻权与地役权

18. 把农村宅基地上的房屋卖掉后，还可以另外申请宅基地吗？

案情回放

村民李某平常好吃懒做，整天赌钱，欠了不少债。李某为了还债，卖了自己宅基地上的房子，住在哥哥家里。由于长期居住在哥哥家里非常不方便，李某决定自己出去闯荡几年。李某虽然没有学历，但擅长交朋友，在城里，李某认识了钱某，在钱某的帮助下，李某戒掉赌瘾，努力工作，挣了些钱。后来，李某决定回到村里生活。但李某在村里的房子已经没有了，宅基地也没有了，其便想向村委会再申请一块宅基地。那么请问，李某的想法能实现吗？

法律解析

我国《民法典》第363条作出了明确的规定："宅基地使用权的取得、行使和转让，适用土地管理的法律和国家有关规定。"我国《土地管理法》第62条第5款规定："农村村民出卖、出租、赠与住宅后，再申请宅基地的，不予批准。"也就是说，李某出卖了自己在村里的房屋，按照"地随房走"的原则，其宅基地使用权也一并转让，那么根据上面的法律规定，李某不可以再通过申请得到新的宅基地。

在我国，宅基地是国家无偿提供给农民使用的，具有福利性质。当农民将自己的宅基地转让、出租后，就相当于用宅基地使用权谋取了利益。如果允许其再申请新的宅基地，一来对其他村民不公平，二来也不符合我国的土地管理法规和制度以及我国土地国情。所以，村民卖了自己的房子后，不能再申请新的宅基地。

法条链接

《中华人民共和国民法典》第363条

《中华人民共和国土地管理法》第62条第5款

19. 村民进城落户后，可以将村内房屋卖给非本村村民吗？

案情回放

杜某是某村村民，一直从事长途运输工作。后来，他的生意越做越大，便成立了一家运输公司。为了方便管理公司，杜某在县城买了房，全家人都搬到县城居住并落户。杜某一家人搬到县城之后，村里的房子便空置了。于是，杜某决定将房子卖给别人。杜某的邻居方某得知杜某要出卖房屋之后，准备购买方某的房子。但是，方某并不是该村村民。几年前，方某从外地投靠亲戚来到该村，亲戚去世后，方某没有回原籍，而是继续留在亲戚的房屋内居住。那么请问，在此种情况下，杜某是否还可以将自己的房屋卖给邻居方某？

法律解析

我国《土地管理法》第62条第6款规定："国家允许进城落户的农村村民依法自愿有偿退出宅基地，鼓励农村集体经济组织及其成员盘活利用闲置宅基地和闲置住宅。"据此可知，国家允许进城落户的农村村民出卖其宅基地上的房屋。但是，农村村民在出卖房屋时，必须出售给本村村民。在上面的案例中，方某虽然与杜某同住一村，但是，因方某不属于本村村民，故杜某不能将房屋出卖给他。

在我国，原则上宅基地是不能进行自由交易的。但是，国家为了充分利用土地，则允许农村集体经济组织及成员利用闲置的住宅和宅基地进行交易。然而，农村村民在将闲置的住宅出卖给他人时，必须将其转让给本村村民，同时，在转让之后，该村民仍然要符合"一户一宅"原则。

法条链接

《中华人民共和国土地管理法》第62条第6款

20. 宅基地可以作为抵押物吗?

案情回放

小江是A村的村民。最近两年，A村正在打造旅游度假村，小江认为这是一个很好的商机，决定抓住这个机会，开一家民宿，为外地游客提供住宿。然而，小江的启动资金不足，想向银行贷款。在贷款的过程中，银行要求小江提供抵押物，对小江的债务进行担保。小江想到自己有一块宅基地，准备将宅基地进行抵押贷款。然而，小江申请贷款的时候遭到了拒绝，银行称小江不能将宅基地作为抵押物进行贷款。那么请问，宅基地可以抵押吗?

法律解析

村民对宅基地仅有使用权，而没有所有权。关于宅基地使用权的处理问题，我国《民法典》第363条作出了明确的规定："宅基地使用权的取得、行使和转让，适用土地管理的法律和国家有关规定。"同时，根据《民法典》第399条之规定："下列财产不得抵押：（一）土地所有权；（二）宅基地、自留地、自留山等集体所有土地的使用权，但是法律规定可以抵押的除外……"换言之，对于宅基地，村民可以使用，但是不得将其作为抵押财产进行抵押。在上面的案例中，小江不能将自己的宅基地作为抵押财产向银行申请贷款。

法条链接

《中华人民共和国民法典》第 363 条、第 399 条

21. 宅基地上的房屋可以继承吗？

案情回放

老钱住在某村，今年已经 60 岁了，子女们都在城里安家落户了。为了让老钱住得舒服一点，也让子女们逢年过节回家的时候有个落脚的地方，老钱的子女和老钱各出了一部分钱，把在乡下的房子重建了。重建房屋之后，老钱的儿子、女儿在节假日经常回乡下团聚，一大家人在一起热热闹闹的，老钱也很高兴，觉得这房子没白建。但是，这个房子虽然老钱的儿子女儿都出了钱，但当时登记产权时只有老钱的名字。老钱现在有一个顾虑，在自己去世之后，自己的子女们能够继承宅基地上的房子吗？

法律解析

我国《民法典》第 362 条规定："宅基地使用权人依法对集

体所有的土地享有占有和使用的权利，有权依法利用该土地建造住宅及其附属设施。”也就是说，宅基地使用权人为集体经济组织的主体，只有村民可以享有宅基地的使用权。但是，对于宅基地上建造的房屋，根据《民法典》第 1122 条之规定：“遗产是自然人死亡时遗留的个人合法财产。依照法律规定或者根据其性质不得继承的遗产，不得继承。”房屋属于自然人遗留下的合法遗产，子女可以继承房屋。已经进城落户的子女可以继承宅基地上的房屋，如果不存在房屋，子女是无法继承宅基地的使用权的。

在上面的案例中，老钱的子女在老钱死后是可以继承其在农村的房子的，但是由于子女的户口不在农村，老钱死亡后，他们不能对房屋推倒重建。

法条链接

《中华人民共和国民法典》第 362 条、第 1122 条

22. 把农房租给外地人做民宿，最长可以签订多久的房屋租赁合同？

案情回放

小明是某村村民，常年在外务工。小明的老家紧邻江边，

有山有水，空气很好。最近几年，村里正在打造乡村休闲农业小镇，吸引了不少外地来的商人投资。最近，一个姓李的外地商人联系到小明，说他看中了小明在家乡的房屋，认为该房屋十分具有古朴气息，可以打造成为民宿，供外地的游客住宿休闲。小明本身也准备在城里安家，就打算把老家的房屋长租给这位李姓商人，这样既发挥了房屋该有的价值，自己又不用回乡打理房子。小明想知道，他最长可以签订多久的租赁合同呢？

法律解析

就房屋租赁合同能够签订的最长期限，我国《民法典》第705条第1款明确规定："租赁期限不得超过二十年。超过二十年的，超过部分无效。"换言之，房屋租赁合同的最长期限是20年。同时，根据该条第2款之规定："租赁期限届满，当事人可以续订租赁合同；但是，约定的租赁期限自续订之日起不得超过二十年。"也就是说，房屋租赁每次最长租赁期限为20年，租赁期限届满之后，双方还可以续签合同。

在上面的案例中，小明想要将自己的房屋出租出去，和这位李姓商人最长可以签订20年的租赁合同。

法条链接

《中华人民共和国民法典》第705条

23. 在村里的自建房上是否可以设立居住权?

案情回放

老何今年70岁，以务农为生。老何的子女们都考上了大学，在城里面工作，他们想要接老何去城里生活，但是老何已经习惯了农村的生活，几经劝说就是不愿意去。于是，儿女们出钱给老何翻盖了房子。老何住在气派的新房中，过得也算自在。但年迈的老何在生活上也有很多不便之处，需要有人照料。老何的邻居小陈因为家里穷，房屋破旧，一直没有娶上媳妇。小陈和老何走得比较近，常常在生活中帮助老何，为他扛米、洗衣服。老何在村里的民法典宣讲会上知道，现在新制定了一项居住权制度，可以把自己的房屋给别人居住。为了感激小陈，老何想在自己的新房上为小陈设定居住权，让小陈也住在新房子里。但是，他想知道在自己宅基地上建的房屋是否可以设立居住权呢?

法律解析

我国《民法典》第366条规定:“居住权人有权按照合同约定，对他人的住宅享有占有、使用的用益物权，以满足生活居住的需要。”换言之，居住权就是对房屋不享有所有权的人按照合同的约定，对他人的住宅享有的占有和使用的权利。同时，根据《民法典》第 368 条之规定：“居住权无偿设立，但是当事人另有约定的除外。设立居住权的，应当向登记机构申请居住权登记。居住权自登记时设立。”也就是说，房屋所有权人有权决定是否在自己的房屋上设立居住权，只要签订了合同并进行了登记，无论该房屋是宅基地上的自建房，还是购买的商品房，当事人都有权自主决定是否设立居住权。

在上面的案例中，老何为了表达自己的感激之情，在自建房上为小陈设立居住权，这是可行的。

法条链接

《中华人民共和国民法典》第 366 条、第 368 条

24. 给他人设定居住权后，其子子辈辈都能住下去吗?

案情回放

老刘是某村村民，之前一直在城里打拼。现年 68 岁的他已经厌倦了城里的生活，决定回老家养老。回老家后，老刘就在自家的宅基地上新建了一栋小楼，然而，老刘的儿子们都不想

和他一起回乡居住。年老体迈的老刘生活多有不便，邻居老李就经常照顾老刘，告诉他一些村里的事情，带着老刘在村里四处走走，认识现在村里的村民，帮助老刘融入村里的生活。老刘知道老李的房子已经年久失修了，为了感激老李，老刘就想在自己新建的房子上为老李设定居住权。但是，老刘还有一个担心，老李已经快70岁了，在老李去世之后，老李的子子辈辈都会在自己的房子里住下去吗？

法律解析

我国《民法典》第370条规定："居住权期限届满或者居住权人死亡的，居住权消灭。居住权消灭的，应当及时办理注销登记。"也就是说，居住权人死亡后，居住权就消灭了。同时，《民法典》第369条规定："居住权不得转让、继承。设立居住权的住宅不得出租，但是当事人另有约定的除外。"也就是说，居住权只能由当事人，即居住权人享有，不能继承，也无法转让，居住权人的亲属无法因继承而取得居住权，居住权人死亡后，该房屋上的居住权即告消灭。

在上面的案例中，老刘的担心是多余的，如果老刘在自己的房屋上为老李设立了居住权，在老李去世后，居住权就消灭了，老李的子女不能继承老李的居住权，不会在该房屋内继续居住。

法条链接

《中华人民共和国民法典》第369条、第370条

25. 盖房子架设电线需要从邻居房后经过，邻居不让通过是否有法律依据？

案情回放

老江和老金是多年的邻居。3年前，因为村里的一块土地，老江和老金从多年的朋友变为仇敌。今年，老江准备修建两间新房子，想让自己的儿女们回家的时候可以住得更舒服些。修建房屋过程中，老江需要架设电线，正好需要从老金的房后经过。老金觉得终于找到了出气的由头，他就不让老江从自己房后架设电线。老江很生气，但是又无能为力。某天，老江听村委会主任说，老金的做法不仅是不合理的，也是不合法的，他完全有权直接架设电线。那么请问，村委会主任的说法是正确的吗？

法律解析

我国《民法典》第291条规定："不动产权利人对相邻权利

人因通行等必须利用其土地的，应当提供必要的便利。”第 292 条更是明确规定：“不动产权利人因建造、修缮建筑物以及铺设电线、电缆、水管、暖气和燃气管线等必须利用相邻土地、建筑物的，该土地、建筑物的权利人应当提供必要的便利。”换言之，对于邻居而言，提供通行的便利是其义务，应当为另一方提供相应的便利条件。

在上面的案件中，老江修盖房屋，从老金的房后架设电线，老金是有义务提供便利的。老江可以先和老金协商，协商不成，还可以找村委会进行调解，也可以到法院进行诉讼维权。

法条链接

《中华人民共和国民法典》第 291 条、第 292 条

26. 因自家施工导致邻居家的墙壁有裂缝，应当如何处理？

案情回放

去年，村委会给小张批了一块宅基地，小张打算在宅基地上修建房屋。小张的宅基地旁边就是老王的住宅，两家宅基地相隔几米。在修建住宅的时候，小张聘请了一个建筑公司，他

们使用了一种大型的挖掘机来挖地基，由于机器操作不当，导致隔壁老王的房屋结构受到了损害，墙体出现了多处裂缝。老王找到小张，他认为是小张的施工行为导致了自己的墙体有裂缝，要求小张赔偿。那么请问，小张应该赔偿吗？

法律解析

我国《民法典》第295条明确规定："不动产权利人挖掘土地、建造建筑物、铺设管线以及安装设备等，不得危及相邻不动产的安全。"也就是说，相邻的不动产权利人对其他权利主体的挖掘土地等施工行为应当提供便利，但是这种便利是有限制的，相邻的不动产权利人的行为不能危及其他不动产权利人的安全，否则就属于一种民事侵权行为，理应承担民事赔偿责任。

在上面的案例中，小张修建住宅的施工行为使得老王的住宅墙体出现多处裂缝，已经严重危及了老王的住宅安全，老王可以要求小张消除危险、恢复原状，赔偿自己的损失。

法条链接

《中华人民共和国民法典》第295条

27. 村民可以对自家房屋后的小水渠挖渠改道吗？

案情回放

小徐在自家房前开辟了一片菜地。在种菜的过程中，小徐觉得自己还要挑水去种菜太不方便了，而自家房屋后正好有一条小水渠，他就擅自将屋后的小水渠改道，直接流进自家的菜地，浇水方便了很多。然而，2个月后，小徐的邻居找到小徐，告诉他将小水渠改道已经严重影响了他们的用水方便，他要求小徐把小水渠渠道改回来。小徐很是不服气，自己已经完工了，邻居觉得不方便也可以再挖开一处水渠。于是，他们找到村委会，要求村委会主任评理，那么小徐可以私自对自己房屋后的小水渠改道吗？

法律解析

我国《民法典》第296条规定："不动产权利人因用水、排水、通行、铺设管线等利用相邻不动产的，应当尽量避免对相邻的不动产权利人造成损害。"也就是说，邻居之间应当相互提供便利，同时避免对邻居的用水、排水、通行造成不便，影响邻居关系的和谐。

在上面的案例中，小徐为了自己的便利而私自改道小水渠，影响了邻居的用水便利，这是不正确的。和谐的邻里关系需要大家互帮互助，相互体谅，小徐可以和邻居友好商量，讨论合适的解决方式。如果小徐坚持改道，小徐的邻居可以向法院起诉维护自己的合法权益。

法条链接

《中华人民共和国民法典》第296条

28. 地役权合同一般包括哪些内容？

案情回放

陈大爷在村里承包了一个养猪场，做养殖猪的生意。由于养猪场的生意扩张，陈大爷将养猪场扩建到了一个比较大的范围，导致运输饲料和粪便需要绕路远行，通行非常不便。陈大爷发现如果借道隔壁王大爷的养鸡场，就可以大大减少运输的时间。于是，陈大爷想要和王大爷签订一个地役权合同，陈大爷自己的养猪场作为需役地，王大爷的养鸡场作为供役地，在王大爷的养鸡场上建立一个通行地役权，以方便自己平时运输饲料和粪便。但是，在订立地役权合同时，陈大爷却犯了难，地役权合同一般包括哪些内容呢？

法律解析

我国《民法典》第 373 条规定：“设立地役权，当事人应当采用书面形式订立地役权合同。地役权合同一般包括下列条款：（一）当事人的姓名或者名称和住所；（二）供役地和需役地的位置；（三）利用目的和方法；（四）地役权期限；（五）费用及其支付方式；（六）解决争议的方法。”也就是说，在订立地役权合同时，要把上面的几项条款写清楚。

在上面的案例中，陈大爷如果要订立地役权合同，合同的内容一般应当包括：陈大爷和王大爷的姓名和住所，两人的养猪场和养鸡场的具体位置，陈大爷利用养鸡场的目的、方法以及期限，陈大爷需要支付给王大爷的费用以及支付方式。除此之外，还要写明两人如果发生争议时应当如何解决。

法条链接

《中华人民共和国民法典》第 373 条

29. 地役权何时生效？是不是一定要进行登记呢？

案情回放

周大哥住在某村与某县的交界处，该地地处山林深处。为了方便使用自然水源，周大哥铺设的水管要经过沈大哥家的山林，于是周大哥和沈大哥签订地役权合同，约定从下个月开始，周大哥可以从沈大哥的山林上铺设水管，将山上的泉水引到自家去。签完合同，周大哥回到家里，疑惑是不是可以立即开始铺水管，不然要等到下个月才能正常使用。但周大哥还听说地役权需要进行登记后才能够生效。那么请问，地役权何时生效？是不是一定要进行登记呢？

法律解析

对于地役权的生效时间，我国《民法典》第 374 条明确规定："地役权自地役权合同生效时设立。当事人要求登记的，可以向登记机构申请地役权登记；未经登记，不得对抗善意第三人。"也就是说，在地役权合同生效的同时地役权设立。登记确实也有一定的重要性，但只是起到一个公示对抗的作用，在涉及第三人的权益时登记才会起到至关重要的作用。例如，在转让不动产时，其如果是未登记的供役地，有可能该地役权就不对受让人生效。

在上面的案例中，周大哥和沈大哥签订的合同是下个月生效，那么地役权只能在下个月合同生效时设立并且生效。同时，地役权并非一定要进行登记，但是如果不进行登记的话，就无法对抗善意第三人。

法条链接

《中华人民共和国民法典》第 374 条

30. 地役权的期限有多长？

案情回放

严家村坐落在江边。村民严大爷非常喜欢看江景，但是，隔壁小严的房子正好挡住严大爷观看江景的视野。于是，严大爷把自己的房子加盖两层，变成了三层的小别墅，以更好地满足自己看江景的愿望。但是，严大爷刚住进新房子没多久，却发现隔壁小严也开始准备加盖自己的房屋。于是，严大爷听从朋友的建议，准备和小严签订一个地役权合同，约定严大爷每年支付给小严 3000 元，小严不得再在自己的房屋上加盖楼层。但约定多少年呢？严大爷犯难了，他想知道地役权的期限有多长？

法律解析

对于地役权的期限，我国《民法典》第377条明确规定："地役权期限由当事人约定；但是，不得超过土地承包经营权、建设用地使用权等用益物权的剩余期限。"也就是说，只要是在当事人自身的权利期限范围内，当事人想约定多久的地役权期限都可以。这体现了我国民法赋予当事人很大的自由度，允许大家在权利范围内进行充分的协商。

在上面的案例中，严大爷可以和小严任意约定地役权期限，只要该期限不超过小严本身对他房屋所在宅基地的使用权期限即可。

法条链接

《中华人民共和国民法典》第377条

31. 在哪些情况下，供役地人有权解除地役权合同？

案情回放

李大爷家和郑大爷家都是以务农为生，李大爷家的农田刚好和郑大爷家的农田相邻。郑大爷家农田的另一侧有一条小河，因此，李大爷如果想灌溉自家农田，就需要从郑大爷家的农田上挖一条水渠，将河水引流过来。于是，李大爷和郑大爷就协商签订了一个地役权合同，约定李大爷每年给郑大爷 4000 元钱，郑大爷允许李大爷从自家的农田上挖一条水渠引水过去，期限为 5 年，每年 1 月支付费用。今年，李大爷由于收成不好，没有钱给郑大爷，郑大爷催要了多次都没效果，于是郑大爷想要解除地役权合同。那么请问，在哪些情况下，供役地人有权解除地役权合同？

法律解析

对于供役地人有权解除地役权合同的情形，我国《民法典》第 384 条有明确规定："地役权人有下列情形之一的，供役地权利人有权解除地役权合同，地役权消灭：（一）违反法律规定或者合同约定，滥用地役权；（二）有偿利用供役地，约定的付款期限届满后在合理期限内经两次催告未支付费用。"因此，我国民法已经明确规定了供役地人解除合同的两种情形，为供役地人以法律手段维护自己的利益提供了明确的指引。

在上面的案例中，郑大爷在自己的农田上为李大爷提供便利，因此郑大爷是供役地人。李大爷作为需役地人，经郑大爷多次催告，费用拖延了很久仍不支付，根据《民法典》第 384

条的规定，郑大爷有权解除地役权合同。另外，如果李大爷违反法律或合同，滥用地役权的，郑大爷也可以解除合同。

法条链接

《中华人民共和国民法典》第384条

第四章

婚姻家庭

32. 我们的小家应遵循怎样的优良家风？

案情回放

小王是某村青年，经人介绍认识了隔壁村的姑娘小赵。小赵漂亮能干，小王对她一见钟情，相处一段时间后，二人举办了婚礼。婚后，夫妻二人与公公婆婆住在一起，虽然生活中总有磕磕绊绊，但是小日子过得还算顺畅。一年后，小赵生下了一个男孩，全家都很开心，对小赵更是百依百顺。但自此之后，小赵开始变得傲慢无礼，经常对公公婆婆指指点点，甚至有时会在公共场合对婆婆进行谩骂。村妇联干部听闻此情况后，来到小赵家对她进行批评教育，告诉她这种行为不仅违反中华民族传统美德，也违反了国家法律关于优良家风的规定。那么请问，我们的小家应当遵循怎样的优良家风呢？

法律解析

尊老爱幼是中华民族的传统美德，有助于促进家庭和睦、社会和谐，这是现代人应当具备的基本修养，也是我们应当弘扬的优良家风。新时代的《民法典》汲取我国传统文化的精华，将优良家风写进了婚姻家庭编。我国《民法典》第1043条规定："家庭应当树立优良家风，弘扬家庭美德，重视家庭文明建设。夫妻应当互相忠实，互相尊重，互相关爱；家庭成员应当敬老爱幼，互相帮助，维护平等、和睦、文明的婚姻家庭关系。"弘扬优良家风，就是要让优秀品质一代代传承下去。当然，《民法典》第1043条规定为原则性、倡导性条款，我们应该依据该条款来营造和睦文明的家庭关系，根据《最高人民法院关于适用〈中华人民共和国民法典〉婚姻家庭编的解释（一）》第4条的规定："当事人仅以民法典第一千零四十三条为依据提起诉讼的，人民法院不予受理；已经受理的，裁定驳回起诉。"也就是说，单纯以某人违反"优良家风"为由起诉是得不到支持的，必须有其他的事实和法律条文作为依据和支持。但是，一般而言，违背了优良家风是有一定的外在表现的，当事人仍可以根据具体事由向法院起诉维护自己的家庭和睦关系。

在上面的案例中，小赵恃宠而骄，不尊重公公婆婆，没有给孩子树立一个良好的榜样，给家庭制造了不和谐因素，她的做法违背了道德也违反了法律，村妇联干部的批评教育非常及时且有必要。

法条链接

《中华人民共和国民法典》第1043条

《最高人民法院关于适用〈中华人民共和国民法典〉婚姻家庭编的解释（一）》第4条

33. 法律意义上的近亲属范围是什么？

案情回放

农村青年小磊高中毕业后便来到大城市打工，多年来，一直在工地从事体力劳动。一次，在工地上工作时，一面砖墙忽然倒下，将正在附近作业的小磊砸伤。工友急忙将小磊送往医院救治，小磊虽然脱离了生命危险，但受伤严重，暂时不能下地行走。由于工地一直没有给小磊进行工伤认定，导致小磊无钱医治，他便请求老乡帮忙到社保部门申请工伤认定。但是，社保部门的工作人员称，因为老乡不是小磊的近亲属，不能代替他申请工伤认定。那么请问，在法律意义上的亲属范围是什么呢？谁是小磊的近亲属呢？

法律解析

在法律上近亲属有明确的范围，而民法和刑法意义上的近亲属又略有不同，民法规定的近亲属范围更加宽泛。我国《民法典》第1045条规定："亲属包括配偶、血亲和姻亲。配偶、父母、子女、兄弟姐妹、祖父母、外祖父母、孙子女、外孙子女为近亲属。配偶、父母、子女和其他共同生活的近亲属为家庭成员。”由此可知，亲属包括配偶、血亲和姻亲。其中，配偶是指因婚姻关系而结为夫妻，夫妻双方互为对方的配偶；血亲是指因有血缘关系或法律规定视同有血缘关系的亲属，分直系血亲和旁系血亲，比如父母子女和叔伯叔侄；姻亲是指因婚姻关系而产生的亲属，指因结婚使男女一方与对方亲属所形成的亲属关系，比如婚后形成的妯娌、连襟等。

同时，我国《工伤保险条例》第 17 条第 2 款规定：“用人单位未按前款规定提出工伤认定申请的，工伤职工或者其近亲属、工会组织在事故伤害发生之日或者被诊断、鉴定为职业病之日起 1 年内，可以直接向用人单位所在地统筹地区社会保险行政部门提出工伤认定申请。”由此可知，在本人无法提出工伤认定申请时，其近亲属或者工会组织可以代替其提出工伤认定申请，但该代为申请人必须是法律规定的近亲属或者工会组织。

在上面的案例中，小磊想到社保部门进行工伤认定申请，因为自己不能到相关部门亲自办理，又没有相关的工会组织，只能由近亲属代替他进行申请，他的近亲属包括自己的配偶、父母、子女、兄弟姐妹、祖父母、外祖父母、孙子女、外孙子女。

法条链接

《中华人民共和国民法典》第1045条

《工伤保险条例》第17条第2款

34. 婚后得知丈夫患有艾滋病，妻子可以主张撤销婚姻吗？

案情回放

小丽和小张经村里的媒人介绍认识，两人相处半年后，小张向小丽求婚，小丽觉得小张为人稳重可靠，对自己也很体贴，就答应了小张的求婚。结婚半年后，小丽觉得夫妻感情已经比较稳定，和小张商量着要一个孩子。这时候，小张才向小丽坦白，自己患有艾滋病，长期服药。小丽马上到医院进行了检查。幸运的是，小丽并没有感染上艾滋病毒。小丽认为自己受到欺骗，这段婚姻是建立在欺骗之上的。如果自己事先知道小张患有艾滋病，是不会考虑和他结婚的。小张没有坦白自己的病情，对小丽也是极其不负责任的行为。那么请问，小丽现在可以主张撤销婚姻并要求赔偿吗？

法律解析

我国《民法典》第1053条第1款规定:“一方患有重大疾病的，应当在结婚登记前如实告知另一方；不如实告知的，另一方可以向人民法院请求撤销婚姻。”换言之，如果一方在结婚时隐瞒自己的重大疾病，欺骗对方的，另一方有权请求法院撤销婚姻。一方面，民法典赋予被欺骗一方撤销婚姻的权利，可以保障无过错方当事人的合法权益。另一方面，被欺骗方可以自主决定是否行使撤销权，这也是尊重双方自由意志的体现。同时，应当注意的是:第一，根据该法第1053条第2款之规定:“请求撤销婚姻的，应当自知道或者应当知道撤销事由之日起一年内提出。”被欺骗一方应当自知道对方患有重大疾病时一年内行使自己的权利。第二，根据《民法典》第1054条第2款之规定:“婚姻无效或者被撤销的，无过错方有权请求损害赔偿。”对于无过错方所受之损害，有权请求过错方进行赔偿。

在上面的案例中，我国《母婴保健法》第38条规定:“……指定传染病，是指《中华人民共和国传染病防治法》中规定的艾滋病、淋病、梅毒、麻疯病以及医学上认为影响结婚和生育的其他传染病……”艾滋病属于严重传染疾病，小张应当在婚前就告知小丽。小丽在婚后才知道自己的丈夫患有艾滋病，其可以在知道之日起1年内向法院请求撤销婚姻。

法条链接

《中华人民共和国民法典》第 1053 条、第 1054 条第 2 款

《中华人民共和国母婴保健法》第 38 条

35. 丈夫的收入都上交婆婆，离婚时，女方只能“净身出户”吗？

案情回放

3 年前，小雯和隔壁村的小张结婚。婚后，由于小张的爸爸身体不太好，小雯便留在家里照顾公公婆婆，小张去了省城打工。在外出务工期间，小张将自己的收入除了留下自己用的部分，全交给母亲保管，小雯需要家用还要找婆婆要钱。6 个月前，小雯发现小张在省城和其他女人不清不楚，便去找小张理论，两个人发生激烈的争吵。半年来，小雯越来越不能忍受丈夫对自己的冷淡，自己在婆家也得不到任何尊重。小雯准备提出离婚，但是，小雯想知道结婚后丈夫的收入都上交给了婆婆，自己离婚只能“净身出户”吗？

法律解析

对于离婚后如何分割财产，我国《民法典》第 1087 条第 1

款作出如下规定："离婚时，夫妻的共同财产由双方协议处理；协议不成的，由人民法院根据财产的具体情况，按照照顾子女、女方和无过错方权益的原则判决。"也就是说，夫妻的共同财产双方可以协商处理分割，在协商不成的情况下，可以请求法院分割。同时，对于夫妻的共同财产，《民法典》第1062条也作出了明确的界定，其规定："夫妻在婚姻关系存续期间所得的下列财产，为夫妻的共同财产，归夫妻共同所有：（一）工资、奖金、劳务报酬；（二）生产、经营、投资的收益；（三）知识产权的收益；（四）继承或者受赠的财产，但是本法第一千零六十三条第三项规定的除外；（五）其他应当归共同所有的财产。夫妻对共同财产，有平等的处理权。"简言之，无论夫妻如何处置自己在婚姻存续期间所得的工资、奖金等收入，如无特别约定，此收入都应当属于夫妻共同财产。因此，即使丈夫将自己的收入交给母亲保管，此收入也应当属于夫妻共同财产，而不是丈夫的个人财产。

在上面的案例中，在婚姻存续期间，小张的收入应当属于夫妻共同财产，他虽然将收入交给母亲保管，但没有改变此财产为夫妻共同财产的本质，小雯对此共同财产有平等的处理权。因此，小雯在离婚时可以要求分割夫妻共同财产，不会"净身出户"。

法条链接

《中华人民共和国民法典》第1062条、第1087条第1款

36. 起诉离婚的，需要经过冷静期吗？

案情回放

小吴是某村青年，外出打工多年后回到家乡，家人觉得他年龄比较大了，便为其介绍对象。但是，相了好多次亲，都没有小吴太中意的女孩，家人就给他施加了很大压力，称小吴年龄太大了，再挑剔只能“打光棍”了。于是，小吴便匆匆选定了邻村女孩小芳结婚了。可是，婚后的生活并不幸福，小吴觉得小芳并不是自己想要生活在一起的另一半，生活的时间越久，感觉越不能忍受。结婚1年后，小吴向小芳提出了离婚。小吴听说《民法典》颁布后，离婚还要经过一个冷静期，但如果起诉离婚的，就没有冷静期的限制。那么请问，起诉离婚需要经过“离婚冷静期”吗？

法律解析

随着思想意识的逐渐开放，离婚率也不断攀升，为了防止夫妻双方因一时冲动而作出离婚的决定，进而影响家庭和社会的和谐稳定，我国《民法典》第1077条增加了关于“离婚冷静期”的规定：“自婚姻登记机关收到离婚登记申请之日起三十日内，任何一方不愿意离婚的，可以向婚姻登记机关撤回离婚登记申请。前款规定期限届满后三十日内，双方应当亲自到婚姻登记机关申请发给离婚证；未申请的，视为撤回离婚登记申请。”由此可知，婚姻登记机关收到离婚登记申请，不能立即为夫妻双方办理离婚手续，如果在30日内，任何一方不愿意离婚，可以撤回离婚登记申请；如果30日后，夫妻双方亲自到婚姻登记机关申请发放离婚证，婚姻登记机关才可以办理离婚登记手续，婚姻关系才得以解除。这30日，就是我们俗称的“离婚冷静期”。

但是，不是任何离婚方式都要经过“离婚冷静期”。只有在协议离婚的情形下，也就是夫妻双方直接到婚姻登记机关申请离婚的，才存在“离婚冷静期”，如果双方是通过诉讼的方式离婚，则不存在“离婚冷静期”一说。

在上面的案例中，小吴和小芳如果想协议离婚，到婚姻登记机关办理离婚手续，需要经过30日的“离婚冷静期”，如果小吴通过诉讼的方式向小芳提出离婚，则不需要经过“离婚冷静期”。但是，通过诉讼的方式离婚，也需要经过一些程序和时日，不能很快就能办结。

法条链接

《中华人民共和国民法典》第1077条

37. 法院未判离，女方搬回娘家居住，住多久可以满足判离的条件？

案情回放

小红是一个农村女孩儿，朴实本分，乡亲给她介绍了一个对象，是邻村的小伙子小亮。小亮长相英俊，小红对他印象非常不错。相处一段时间后，两人在亲朋好友的见证下举行了婚礼。但是，婚后的生活并不如意，小红发现小亮好吃懒做，还经常到镇上喝酒耍钱，小红多次提出离婚均遭到小亮拒绝。有一次，小亮喝酒后回到家里，与小红发生了激烈争吵，还动手打了她。小红忍无可忍，到法院起诉离婚。但是，法院未作出同意离婚的判决。于是，小红搬回了娘家居住。后来小红听人说，搬回娘家居住达到一定时间后再起诉，法院就会判决离婚。那么请问，女方搬回娘家居住多久，可以满足判离的条件？

法律解析

为了维护家庭的稳定和谐，避免夫妻一方因一时冲动提出离婚，法院对于离婚案件采取审慎的态度。对于起诉离婚的，法院应当先进行调解，调解不成的才会进行判决，判决时也会严格按照法律规定确认夫妻双方是否感情破裂，是否符合离婚的条件。我国《民法典》第1079条规定：“夫妻一方要求离婚的，可以由有关组织进行调解或者直接向人民法院提起离婚诉讼。人民法院审理离婚案件，应当进行调解；如果感情确已破裂，调解无效的，应当准予离婚。有下列情形之一，调解无效的，应当准予离婚：（一）重婚或者与他人同居；（二）实施家庭暴力或者虐待、遗弃家庭成员；（三）有赌博、吸毒等恶习屡教不改；（四）因感情不和分居满二年；（五）其他导致夫妻感情破裂的情形。一方被宣告失踪，另一方提起离婚诉讼的，应当准予离婚。经人民法院判决不准离婚后，双方又分居满一年，一方再次提起离婚诉讼的，应当准予离婚。”由此可知，法律规定了应当准予离婚的几种情形，符合其中之一的法院应当准予离婚。因感情不和分居满2年的，一方起诉离婚后，调解无效的，直接判决离婚。同时，在法院第一次判决不准离婚后，双方又分居满1年，一方再次提出离婚的，应当准予离婚。

在上面的案例中，小红向法院提起诉讼要求与小亮离婚，但是在第一次法院未判离的情形下，小红回娘家如果居住满1年后，再次向法院提出离婚的诉讼请求，法院应当判决双方离婚。

法条链接

《中华人民共和国民法典》第 1079 条

38. 拿到离婚判决后，婚姻关系就算解除了吗?

案情回放

张先生和王女士年轻时都在某工厂打工，二人结婚后，张先生便带着王女士回到农村老家生活。结婚前几年，夫妻二人都在老家靠务农为生，家庭条件比较拮据。为了更好地生活，张先生独自外出打工，留下王女士在家照顾老人和孩子。但是，由于夫妻二人长期分居，张先生在外面与其他女子生活在了一起。王女士知道后，便向法院提起了离婚诉讼请求。2021 年 6 月 5 日，法院将离婚判决书送达二人手中。王女士想知道，收到判决书后二人的婚姻关系就解除了吗?

法律解析

夫妻双方解除婚姻关系的方式分为协议离婚和诉讼离婚两种。我国《民法典》第 1076 条第 1 款规定:“夫妻双方自愿离婚的，应当签订书面离婚协议，并亲自到婚姻登记机关申请离婚登记。”同时，该法第1080条规定：“完成离婚登记，或者离婚判决书、调解书生效，即解除婚姻关系。”由此可知，协议离婚时完成离婚登记即解除婚姻关系，而选择诉讼离婚的，判决书生效时婚姻关系才宣告解除。

同时，我国《民事诉讼法》第171条第1款规定：“当事人不服地方人民法院第一审判决的，有权在判决书送达之日起十五日内向上一级人民法院提起上诉。”由此可知，当事人在收到判决书15日之内有提起上诉的权利，也就是说，在15日之内判决书处于未生效的状态，此时的离婚判决并不能发生婚姻关系解除的法律效力，只有待离婚判决生效后，才能解除婚姻关系。

在上面的案例中，张先生和王女士诉讼离婚，双方于2021年6月5日收到判决书，在此后的15日之内判决书还未生效，即双方婚姻关系还未解除，如果15日后双方未上诉，则判决书生效，婚姻关系即解除。

法条链接

《中华人民共和国民法典》第1076条第1款、第1080条

《中华人民共和国民事诉讼法》第171条第1款

39. 离婚时，孩子的抚养权归谁？

案情回放

阿要（男）和阿周（女）是夫妻，育有一个儿子小小，小小今年已经4岁了。阿要近几年一直都在城里打工赚钱，由阿周在家一个人带着儿子。由于阿要和阿周久不见面，导致两人的话逐渐变少，感情也逐渐变淡。今年，两人经过友好协商，决定离婚。但是离婚后，小小应该由谁抚养呢？两人为此争执不休。那么请问，离婚时，孩子的抚养权应当归谁？

法律解析

对于已经育有孩子的夫妻，子女的抚养权往往在离婚时是非常令人伤脑筋的问题。对于孩子的抚养权归属，我国《民法典》第1084条规定："父母与子女间的关系，不因父母离婚而消除。离婚后，子女无论由父或者母直接抚养，仍是父母双方的子女。离婚后，父母对于子女仍有抚养、教育、保护的权利和义务。离婚后，不满两周岁的子女，以由母亲直接抚养为原则。已满两周岁的子女，父母双方对抚养问题协议不成的，由人民法院根据双方的具体情况，按照最有利于未成年子女的原则判决。子女已满八周岁的，应当尊重其真实意愿。”由此一般根据以下原则确定抚养权：不满 2 周岁的子女由母亲抚养；已满 2 周岁的子女由父母双方协商，并按照最有利于子女的原则确定；已满 8 周岁的子女则尊重其意愿。然而，该条规定仍有模糊的地方，于是，我国《最高人民法院关于适用〈中华人民共和国民法典〉婚姻家庭编的解释（一）》第 44 条至第 48 条又对其中的某些情况进行了明确的细化规定。

第 44 条规定：“离婚案件涉及未成年子女抚养的，对不满两周岁的子女，按照民法典第一千零八十四条第三款规定的原则处理。母亲有下列情形之一，父亲请求直接抚养的，人民法院应予支持：（一）患有久治不愈的传染性疾病或者其他严重疾病，子女不宜与其共同生活；（二）有抚养条件不尽抚养义务，而父亲要求子女随其生活；（三）因其他原因，子女确不宜随母亲生活。”

第 45 条规定：“父母双方协议不满两周岁子女由父亲直接抚养，并对子女健康成长无不利影响的，人民法院应予支持。”

第 46 条规定：“对已满两周岁的未成年子女，父母均要求直接抚养，一方有下列情形之一的，可予优先考虑：（一）已做绝育手术或者因其他原因丧失生育能力；（二）子女随其生活时间较长，改变生活环境对子女健康成长明显不利；（三）无其他子女，而另一方有其他子女；（四）子女随其生活，对子女成长有利，而另一方患有久治不愈的传染性疾病或者其他严重疾病，或者有其他不利于子女身心健康的情形，不宜与子女共同生活。”

第 47 条规定：“父母抚养子女的条件基本相同，双方均要求直接抚养子女，但子女单独随祖父母或者外祖父母共同生活多年，且祖父母或者外祖父母要求并且有能力帮助子女照顾孙子女或者外孙子女的，可以作为父或者母直接抚养子女的优先条件予以考虑。”

第 48 条规定：“在有利于保护子女利益的前提下，父母双方协议轮流直接抚养子女的，人民法院应予支持。”

在上面的案例中，如果阿要和阿周的经济条件相差不大，而小小又一直跟着阿周生活，因此很有可能会将小小判给阿周抚养。当然，其中需要考虑的因素有很多，法官会根据法条的明文规定进行判决，在法条规定不明时，也会根据实际情况作出最有利于孩子成长的判决。

法条链接

《中华人民共和国民法典》第 1084 条

《最高人民法院关于适用〈中华人民共和国民法典〉婚姻家庭编的解释（一）》第 44—48 条

40. 男子离婚后发现儿子非亲生，可以向女方要求赔偿吗？

案情回放

韩某和杨某原来是一对生活了20年的夫妻，他们有一个18岁的儿子小韩。但婚后相处时间越久两人反而越是过不到一起，常常为了鸡毛蒜皮的小事争吵，再加上韩某近几年常常外出打工，夫妻聚少离多，感情日渐生疏，于是二人决定协议离婚并顺利办理了离婚手续。离婚后，韩某听到村里人的闲言碎语，开始怀疑小韩并不是自己的亲生儿子。于是，韩某私下委托鉴定机构进行了亲子鉴定，最终得到的鉴定结果是：排除韩某与小韩的亲子关系。知道这个结果后，韩某倍感气愤和打击，他觉得杨某的这种行为欺骗了自己，自己抚养了小韩18年，不仅付出了金钱和精力，还付出了感情，杨某应当给予赔偿。那么请问，男子离婚后发现儿子非亲生，可以向女方要求赔偿吗？

法律解析

我国《民法典》第1043条第2款规定：“夫妻应当互相忠实，

互相尊重，互相关爱；家庭成员应当敬老爱幼，互相帮助，维护平等、和睦、文明的婚姻家庭关系。”第122条规定：“因他人没有法律根据，取得不当利益，受损失的人有权请求其返还不当利益。”第1183条第1款规定：“侵害自然人人身权益造成严重精神损害的，被侵权人有权请求精神损害赔偿。”也就是说，夫妻之间应当互相忠实，不能欺骗对方。如果在婚姻关系存续期间，女方明知或应知所生子女非男方亲生子女的情况下，故意隐瞒实情，致使男方将子女视为亲生子女予以抚养，男方不仅可以根据不当得利的规定要求返还抚养费，还可以要求女方支付精神损害赔偿。

在上面的案例中，在韩某与杨某婚姻关系存续期间，杨某明知小韩不是韩某的亲生儿子，却故意隐瞒实情，致使韩某将小韩视为亲生儿子抚养了18年。杨某的这种行为违反了夫妻之间的忠实义务，使韩某陷入错误认识而履行抚养义务，因此杨某应当返还18年来韩某支付的抚养费。此外，杨某的行为也侵害了韩某的感情，给韩某造成了很大的精神伤害，韩某有权向杨某请求精神损害赔偿。

法条链接

《中华人民共和国民法典》第122条、第1043条第2款、第1183条第1款

41. 老母亲改嫁的，子女还有赡养义务吗？

案情回放

孙老太太今年60岁了，在她45岁时，丈夫因车祸去世，之后她独自抚养孩子长大。孩子们大学毕业后，都留在了城里，因为故土难离，她不愿意和子女到城里去生活，一直独居在农村。后来村妇联主任觉得孙老太太一个人独居太孤单，便给她介绍了邻村丧偶的王大爷，两人觉得互相照顾日子过得会更好，相处一段时间后决定登记结婚。但是，在结婚前，孙老太太的儿子提出了反对意见，觉得母亲这么大岁数结婚会受到别人的嘲笑，声称如果母亲再婚，便不再赡养母亲。孙老太太非常伤心。那么请问，老母亲改嫁的，子女还有赡养义务吗？

法律解析

婚姻自由，既包括结婚自由，也包括离婚自由，任何人不得干涉他人的婚姻。即使是自己的父母或者子女，也不能干涉自己的婚姻。现实生活中，子女阻止父母离婚的现象时有发生，很多时候父母因为担忧老无所养，便顺从了子女的意愿，但其实，这种行为已经违反了法律的禁止性规定，子女的做法是错误的，父母完全享有再婚的自由。对此，我国《民法典》第1069条明确规定："子女应当尊重父母的婚姻权利，不得干涉父母离婚、再婚以及婚后的生活。子女对父母的赡养义务，不因父母的婚姻关系变化而终止。"由此可知，对父母的赡养义务，不因父母的婚姻关系变化而终止。作为子女应当尊重父母关于婚姻的决定权，不能强加干涉。

在上面的案例中，孙老太太的儿子应当尊重母亲的真实意愿，不能干涉母亲再婚。而且，在母亲改嫁后，他对母亲的赡养义务不因母亲的婚姻关系变化而终止，他对母亲仍有赡养义务。

法条链接

《中华人民共和国民法典》第1069条

42. 小两口已经有了一个儿子，还可以收养一个女儿吗？

案情回放

小田夫妇勤奋能干，把家里的养鸡场经营得非常好，在他们村是数一数二的富户。夫妇二人育有一子，之后想再生个女儿，但是因为妻子身体的原因一直没能如愿。这年，小田夫妇都已经过了35岁，妻子还是没能怀孕，他们决定领养一个女儿。

正巧，听说同村老李的远房亲戚未婚先育，自己也没有能力抚养孩子，想将孩子送养。小田夫妇很高兴，非常想收养这个女孩。但是，村主任给他们浇了一盆冷水，说他们已经有一个孩子了，不能再收养其他孩子。那么请问，小两口已经有了一个儿子，还能再收养一个女儿吗？

法律解析

夫妻双方即使已经育有一子，也可以再收养孩子，但需要满足收养的相关条件。关于收养的条件，我国《民法典》第1098条明确规定："收养人应当同时具备下列条件：（一）无子女或者只有一名子女；（二）有抚养、教育和保护被收养人的能力；（三）未患有在医学上认为不应当收养子女的疾病；（四）无不利于被收养人健康成长的违法犯罪记录；（五）年满三十周岁。"由此可知，在夫妻双方只有一名子女的情况下，只要符合其他条件，是可以再收养子女的。此外，《民法典》第1100条规定："无子女的收养人可以收养两名子女；有子女的收养人只能收养一名子女。收养孤儿、残疾未成年人或者儿童福利机构抚养的查找不到生父母的未成年人，可以不受前款和本法第一千零九十八条第一项规定的限制。"由此可知，在已经有子女的情况下，只能收养一名子女。如果是收养孤儿、残疾未成年人或者儿童福利机构抚养的查找不到生父母的未成年人的，则不受抚养子女数额的限制。

在上面的案例中，小田夫妇只有一个孩子，只要他们符合收养的其他四个条件，是可以收养这个小姑娘的。

法条链接

《中华人民共和国民法典》第 1098 条、第 1100 条

43. 收养年满多少岁的孩子，应征得其本人同意？

案情回放

姐姐丽丽和弟弟乐乐从小失去父母，生活在孤儿院里，姐弟俩相依为命、互相照顾。在弟弟乐乐 9 岁的时候，福利院院长告诉乐乐，有一对夫妇想收养他，为他提供良好的教育，将来继承夫妇俩的事业。乐乐虽然渴望过上正常的家庭生活，但是并不愿意离开自己的姐姐。在办理收养手续之前，福利院院长征求了乐乐的意见，他还是决定留在福利院与姐姐共同生活。那么请问，收养年满多少岁的孩子，应当征得其本人同意？

法律解析

在建立收养关系时，收养双方应当本着自愿的原则。尤其

是对于被收养的未成年人来说，在其有能力表达自己真实意愿的情况下，应当尊重未成年人的意愿。我国《民法典》第1104条规定："收养人收养与送养人送养，应当双方自愿。收养八周岁以上未成年人的，应当征得被收养人的同意。"同时，《民法典》第1114条规定："收养人在被收养人成年以前，不得解除收养关系，但是收养人、送养人双方协议解除的除外。养子女八周岁以上的，应当征得本人同意。收养人不履行抚养义务，有虐待、遗弃等侵害未成年养子女合法权益行为的，送养人有权要求解除养父母与养子女间的收养关系。送养人、收养人不能达成解除收养关系协议的，可以向人民法院提起诉讼。"由此可知，收养已满8周岁的未成年人，应当经过被收养人的同意。收养人原则上不得解除与未成年被收养人的收养关系，但收养人、送养人双方协议解除的除外，此时，也应当征求已经满8周岁养子女本人的意愿。

在上面的案例中，被收养人乐乐已经满8周岁，按照法律规定，在办理收养手续之前应当征得乐乐本人的同意。如果乐乐不同意建立收养关系，则不能办理收养手续，福利院院长的做法是正确的。

法条链接

《中华人民共和国民法典》第1104条、第1114条

44. 嫁出去的女儿不再继承父母遗产的，还有赡养父母的义务吗？

案情回放

李某与王某结婚数十年，育有一子一女。女儿小玲和儿子小勇都已成家立业。根据当地风俗，已出嫁的女儿不再继承父母的遗产，也不再承担赡养义务。小玲出嫁时，声明将来放弃继承李某夫妻的遗产，但也不负责照顾李某夫妻的晚年生活。此后，李某夫妻也未向小玲索要赡养费。去年，李某突发中风，丧失劳动能力，瘫痪在床，妻子王某业已年迈。夫妻二人无生活来源，儿子给的生活费不够用，便要求小玲每月支付适量赡养费。小玲认为自己出嫁时已经讲好不继承遗产也不承担赡养义务，因此拒绝支付赡养费。那么请问，已出嫁并且放弃继承权的小玲，是否应当赡养李某夫妻呢？

法律解析

百善孝为先，孝顺父母、长辈是中华民族的传统美德。赡养父母不仅是道德上的要求，更是法律规定的义务。我国《民法典》第 26 条第 2 款规定："成年子女对父母负有赡养、扶助和保护的义务。”成年子女既要对丧失劳动能力或生活困难的父母提供生活上的照料、经济上的供养，还要给父母提供精神上的关心和慰藉。无论是儿子还是女儿，都应该履行此义务，已出嫁的女儿也不例外。此外，我国《老年人权益保障法》第 19 条第 1 款规定：“赡养人不得以放弃继承权或者其他理由，拒绝履行赡养义务。”即使子女自愿放弃继承权，也不免除其赡养父母的义务。否则，父母有权根据我国《民法典》第 1067 条第 2 款以及《老年人权益保障法》第 19 条第 2 款的规定，要求成年子女履行赡养义务，给付赡养费。也就是说，出嫁并不意味着不再具有对父母的继承权；放弃继承权也不意味着不再承担父母的赡养义务。

在上面的案例中，当地风俗是已出嫁的女儿不再继承父母的遗产，也不再承担赡养义务，这是违反法律规定的。女儿出不出嫁都有继承父母遗产的权利，即使女儿放弃继承遗产，也应履行赡养父母的义务。因此，小玲以不再继承父母的遗产为由，拒绝赡养父母的行为是不合法的。李某夫妻可以通过村委会、居委会等有关部门进行调解，也可以向人民法院提起诉讼。

法条链接

《中华人民共和国民法典》第 26 条第 2 款

《中华人民共和国老年人权益保障法》第 19 条第 1 款、第 2 款

45. 爷爷奶奶能成为孩子的监护人吗？

案情回放

廖某与宿某生下一子廖某甲。廖某甲的出生并没有给这个家庭带来欢笑与快乐，反而带来了不少家庭矛盾和忧愁。原来，廖某甲患有21三体综合征，也就是大家熟悉的唐氏综合征。廖某甲与正常的孩子相比智力发育迟缓，2岁了还不会站立和说话，面容看起来也很呆滞，而且他患有先天性心脏病。宿某的母亲本来就不同意廖某与宿某的交往，得知外孙廖某甲患有唐氏综合征之后，多次劝告女儿宿某与廖某离婚。最终，宿某忍受不了丈夫的责备、来自母亲的压力、孩子的缺陷，以及邻居的闲言碎语，选择了离婚，将孩子留给了廖某。廖某与宿某离婚后，感觉生活失去了意义，沾染上了毒品；而宿某出了车祸，成了植物人。廖某甲的爷爷奶奶很心疼廖某甲的处境。那么请问，爷爷奶奶能成为孩子的监护人吗？

法律解析

父母健在的情况下，爷爷奶奶一般不能成为孩子的监护人，但特殊情况下，爷爷奶奶可以成为孩子的监护人。

第一种情形是父母已经死亡或丧失监护能力的，如我国《民法典》第 27 条规定：“父母是未成年子女的监护人。未成年人的父母已经死亡或者没有监护能力的，由下列有监护能力的人按顺序担任监护人：（一）祖父母、外祖父母；（二）兄、姐；（三）其他愿意担任监护人的个人或者组织，但是须经未成年人住所地的居民委员会、村民委员会或者民政部门同意。”第 39 条规定：“有下列情形之一的，监护关系终止：……（二）监护人丧失监护能力；……监护关系终止后，被监护人仍然需要监护的，应当依法另行确定监护人。”也就是说，父母是未成年子女法定的监护人。未成年人的父母死亡或者没有监护能力的情况下，未成年人的祖父母、外祖父母，兄、姐，其他经过未成年人住所地的居民委员会、村民委员会或者民政部门同意的愿意担任监护人的个人或者组织能作为未成年人的监护人。

第二种情形是未成年人的现有监护人的监护资格被撤销。《民法典》第 36 条第 1 款和第 2 款规定：“监护人有下列情形之一的，人民法院根据有关个人或者组织的申请，撤销其监护人资格，安排必要的临时监护措施，并按照最有利于被监护人的原则依法指定监护人：（一）实施严重损害被监护人身心健康的行为；（二）怠于履行监护职责，或者无法履行监护职责且拒绝将监护职责部分或者全部委托给他人，导致被监护人处于危困状态；（三）实施严重侵害被监护人合法权益的其他行为。本条规定的有关个人、组织包括：其他依法具有监护资格的人，居民委员会、村民委员会、学校、医疗机构、妇女联合会、残疾人联合会、未成年人保护组织、依法设立的老年人组织、民政部门等。”也就是说，当父母存在不利于做孩子监护人的情形时，相关人员或组织可以向人民法院申请撤销其监护资格，并申请另行指定监护人。

在上面的案例中，廖某甲的父亲廖某是一个“瘾君子”，继续由廖某监护廖某甲不利于廖某甲的健康成长，廖某甲的母亲宿某出了意外成了植物人，丧失了监护能力。此时，廖某甲的爷爷奶奶可以向廖某甲住所地的人民法院申请撤销廖某的监护权，指定他们为廖某甲的监护人。

法条链接

《中华人民共和国民法典》第27条，第36条第1款、第2款，第39条

46. 失能老人的监护人如何确定？

案情回放

黄先生患脑萎缩导致神志丧失、生活不能自理。妻子陈女士与儿子黄某甲每天对黄先生悉心照料。不久，黄先生在海外的母

亲死亡，留下了一大笔遗产，黄先生是法定继承人之一。基于对遗产的继承，需要给黄先生安排一位监护人，于是，妻子陈女士和儿子黄某甲都想担任黄先生的监护人。陈女士认为自己作为黄先生的配偶，与黄先生共同生活多年，感情深厚，而且了解黄先生的生活习惯，作为黄先生的监护人是理所应当的事情，黄某甲则认为母亲已经不再年轻，由自己担任父亲的监护人才能更好地照顾父亲。那么请问，黄先生的监护人该如何确定？

法律解析

每个人都有老去的一天，如何体面地度过晚年是每个人都关心的话题。我国《民法典》第 28 条规定：“无民事行为能力或者限制民事行为能力的成年人，由下列有监护能力的人按顺序担任监护人：（一）配偶；（二）父母、子女；（三）其他近亲属；（四）其他愿意担任监护人的个人或者组织，但是须经被监护人住所地的居民委员会、村民委员会或者民政部门同意。”从上面的法律规定可以看出，老年人丧失了民事行为能力以后，有资格担任老人监护人的个人或者组织按照与老人关系的亲疏远近分为以上四类。其中，配偶是失能老人的第一顺位监护人。

此外，在确定失能老人的监护人时，要保障被监护的失能老人的利益最大化，也要尊重被监护人的意愿。我国《民法典》第 33 条还明确规定：“具有完全民事行为能力的成年人，可以与其近亲属、其他愿意担任监护人的个人或者组织事先协商，以书面形式确定自己的监护人，在自己丧失或者部分丧失民事行为能力时，由该监护人履行监护职责。”老人在失去意识之前，还能够表达自己的真实意愿时，也可以事先安排好自己的监护人。

在上面的案例中，黄先生的妻子陈女士与黄先生感情深厚，共同生活多年，而且在法律上也是黄先生的第一顺位监护人，因此，陈女士作为黄先生的监护人更有利于保护黄先生的人身利益、财产利益以及其他合法权益。值得注意的是，如果黄先生在意识清楚的情况下与儿子黄某甲约定，由黄某甲在自己丧失民事行为能力以后担任自己的监护人，那么应该尊重黄先生的意愿，由黄先生的儿子黄某甲担任监护人。

法条链接

《中华人民共和国民法典》第 28 条、第 33 条

47. 丈夫经常殴打患病的妻子，妻子的父母可以申请变更监护人吗？

案情回放

邵某（男）与伊某（女）于 2017 年结婚。婚后二人虽然偶

尔会有一些小矛盾，但总体来看还算和谐。2018 年 12 月，伊某生下女儿珍珍。2019 年 12 月，伊某为了给女儿提供更好的经济条件，来到深圳打工。不幸的是，2020 年 5 月初，伊某在工地上工作的时候被高空坠落的石块砸伤，导致她脑部损伤，整个人都变得不太正常。2020 年 5 月底，伊某出院回家休养，休养一段时间后，完全没有好转的迹象。2020 年 8 月，邵某向法院申请指定自己为伊某的监护人，获得法院支持。邵某看着痴傻的妻子，认为妻子是一个累赘，越看越不顺眼，经常对妻子伊某拳打脚踢。伊某在丈夫的虐待之下，度过了将近一年的时间。2021 年 5 月，伊某的父母才发现女儿伊某被丈夫邵某长期殴打。那么请问，丈夫经常殴打患病的妻子，妻子的父母可以申请变更监护人吗？

法律解析

丈夫经常殴打患病的妻子，妻子的父母可以申请变更监护人。我国《民法典》第 36 条明确规定：“监护人有下列情形之一的，人民法院根据有关个人或者组织的申请，撤销其监护人资格，安排必要的临时监护措施，并按照最有利于被监护人的原则依法指定监护人：（一）实施严重损害被监护人身心健康的行为；（二）怠于履行监护职责，或者无法履行监护职责且拒绝将监护职责部分或者全部委托给他人，导致被监护人处于危困状态；（三）实施严重侵害被监护人合法权益的其他行为。本条规定的有关个人、组织包括：其他依法具有监护资格的人，居民委员会、村民委员会、学校、医疗机构、妇女联合会、残疾人联合会、未成年人保护组织、依法设立的老年人组织、民政部门等。前款规定的个人和民政部门以外的组织未及时向人民法院申请撤销监护人资格的，民政部门应当向人民法院申请。”从上面的法律规定可以看出，监护人实施严重损害被监护人身心健康的行为，或者实施严重侵害被监护人合法权益的其他行为，其他有监护资格的人可以向人民法院申请变更监护人。

在上面的案例中，邵某经常殴打妻子伊某，侵害了伊某的身体权、健康权，还有可能对伊某的生命权造成威胁，监护人邵某实施了严重损害被监护人伊某身心健康的行为，伊某的父母作为其他有监护资格的人有权向法院申请变更监护人。

法条链接

《中华人民共和国民法典》第36条

48. 村委会可以作为监护人吗？

案情回放

毛毛的母亲胡某去世了，毛毛的父亲是二级视力残疾人，不具有监护毛毛的能力。毛毛的祖父也是二级视力残疾人，祖母患有严重的糖尿病，毛毛的祖父母由于身体原因，没有固定的收入来源，无力承担起监护毛毛的责任。毛毛的外祖父瘫痪在床，外祖母年事已高没有稳定的收入来源，也不适合抚养毛毛。毛毛除此之外再没有其他的亲人，一时也找不到合适的监护人。那么此时，村委会可以作为监护人吗？

法律解析

我国《民法典》第27条规定："父母是未成年子女的监护人。未成年人的父母已经死亡或者没有监护能力的，由下列有监护能力的人按顺序担任监护人：（一）祖父母、外祖父母；（二）兄、姐；（三）其他愿意担任监护人的个人或者组织，但是须经未成年人住所地的居民委员会、村民委员会或者民政部门同意。"同时，我国《民法典》第32条明确规定："没有依法具有监护资格的人的，监护人由民政部门担任，也可以由具备履行监护职责条件的被监护人住所地的居民委员会、村民委员会担任。"从上面的法条可以看出，一般情况下，父母，祖父母、外祖父母，兄、姐，其他愿意担任监护人的个人或者组织是未成年人的监护人；当以上的监护人不存在、没有监护能力或者没有人愿意担任监护人时，不能让被监护人处于无人监护的状态，民政部门可以担任监护人，被监护人住所地的居民委员会、村民委员会也可以担任监护人。

在上面的案例中，毛毛的母亲已经去世，父亲不具有监护能力，祖父母、外祖父母也因为经济和身体原因无法履行监护毛毛的职责。此时，村委会如果具备履行监护职责的条件，可以担任毛毛的监护人。

法条链接

《中华人民共和国民法典》第 27 条、第 32 条

第五章

遗产继承

49. 捡拾而来据为己有的财物，可以作为遗产继承吗？

案情回放

有一天，越大妈在路边发现了一个亮堂的物件，走近一看，原来是一块金锁。越大妈左右望了望，见四周没人，便捡起来据为己有。1 个月后，越大妈因突发脑中风被送去医院抢救，虽然抢救过来了，但是情况仍非常危险，随时有可能复发去世。越大妈躺在病床上，想起自己家里的那些财产，想到自己还未成婚的唯一的儿子，觉得应该交代一下自己的后事。于是，越大妈便把儿子叫到病床前，对儿子讲了一下自己家里的财产，其中就包括越大妈之前已经拾得并且据为己有的那块金锁。那么请问，捡拾而来据为己有的财物，可以作为遗产继承吗？

法律解析

我国法律对遗产的范围有明确的规定。根据《民法典》第 1122 条的规定："遗产是自然人死亡时遗留的个人合法财产。依照法律规定或者根据其性质不得继承的遗产，不得继承。"也就是说，只有个人的合法财产才能作为遗产。另外，我国《民法典》第 314 条规定："拾得遗失物，应当返还权利人。拾得人应当及时通知权利人领取，或者送交公安等有关部门。”也就是说，遗失物的所有权仍属于原物主，拾得人应当将遗失物返还给原物主或者送交有关部门，而非据为己有。因此，将遗失物据为己有的行为是违法的，他人的遗失物并非自己的合法财产，故不属于遗产的范围，不能作为遗产继承。

在上面的案例中，只有越大妈的个人合法财产才能作为她的遗产，由她的儿子继承。而越大妈拾得并据为己有的金锁，并非越大妈的个人合法财产，而是属于原物主的财产，因此，该块金锁不能作为遗产由越大妈的儿子继承。

法条链接

《中华人民共和国民法典》第314条、第1122条

50. 未作出书面表示，只是口头放弃继承权，算数吗？

案情回放

赵村的赵大爷一辈子勤勤恳恳、省吃俭用攒了一笔钱，大概有30万元。前不久，赵大爷因患病不幸去世，这笔钱也就成为赵大爷留下的遗产之一。赵大爷膝下有两个儿子和一个女儿，妻子早已过世，因此两个儿子以及一个女儿成为法

定的继承人。当分割遗产的时候，赵大爷的女儿认为自己的生活还不错，因此口头表示放弃继承。两个哥哥听到妹妹说要放弃继承，于是在分遗产的时候，就没有留妹妹的那一份。那么请问，赵大爷的女儿只是口头表示放弃继承权，没有书面的文件，算数吗？

法律解析

根据《民法典》第1124条第1款的规定：“继承开始后，继承人放弃继承的，应当在遗产处理前，以书面形式作出放弃继承的表示；没有表示的，视为接受继承。”由此可见，若继承人放弃继承应于遗产处理前以书面形式作出。《最高人民法院关于适用〈中华人民共和国民法典〉继承编的解释（一）》第33条对此也有相关规定：“继承人放弃继承应当以书面形式向遗产管理人或者其他继承人表示。”

在上面的案例中，赵大爷的女儿作为赵大爷的合法继承人，其仅是口头表示放弃继承，并未作出任何书面形式的表示，故口头放弃继承不算数，其仍然享有继承权，对于赵大爷所遗留的财产，赵大爷的女儿如果愿意接受，可以分得三分之一。

法条链接

《中华人民共和国民法典》第1124条第1款

《最高人民法院关于适用〈中华人民共和国民法典〉继承编的解释（一）》第33条

51. 侄子能继承大伯的遗产吗？

案情回放

老王是一位朴实的农民，因从小身体残疾，一辈子未能娶妻生子。别看老王身体残疾，但在村里是出了名的勤奋，每天一大早就出去收废品、捡废品。多年来，老王也有了一些积蓄。老王有一个侄子，是老王亲弟弟家的孩子，名叫大强。大强从小就懂事，对身边的亲戚朋友都非常好，尤其是对老王，经常去看望老王，帮他做一些力所能及的事情。老王也把大强当成自己的儿子看待，对大强甚是关心。2021年5月，老王因发生意外不幸去世，留下了一笔遗产，因膝下无子，老王的遗产无人继承。那么请问，大强可以继承老王的遗产吗？

法律解析

在当事人没有订立遗嘱的情况下，遗产继承人应当按照法定继承顺序继承。我国《民法典》第1127条第1款、第2款规定：“遗产按照下列顺序继承：（一）第一顺序：配偶、子女、父母；（二）第二顺序：兄弟姐妹、祖父母、外祖父母。继承开始后，由第一顺序继承人继承，第二顺序继承人不继承；没有第一顺序继承人继承的，由第二顺序继承人继承。”同时，《民法典》第 1128 条第 2 款规定：“被继承人的兄弟姐妹先于被继承人死亡的，由被继承人的兄弟姐妹的子女代位继承。”也就是说，遗产应当按照一定的顺序继承，没有第一顺位继承人的情况下，才会由第二顺序的继承人继承遗产。而且，第二顺序的兄弟姐妹继承人如果先于被继承人死亡，应该由兄弟姐妹的子女代位继承。并且，代位继承人一般只能继承被代位继承人有权继承的遗产份额。

在上面的案例中，老王在死亡时没有配偶、子女、父母，由于没有第一顺位继承人，因此应当由第二顺位继承人继承，也就是老王的弟弟，大强的爸爸。那么如果大强的爸爸已经离世，大强便可以代位继承。如果大强的爸爸健在，则直接由大强的爸爸继承老王遗产即可。

法条链接

《中华人民共和国民法典》第 1127 条第 1 款、第 2 款，第 1128 条第 2 款

52. 孩子入狱，还能继承父亲的遗产吗？

案情回放

老华家里有4个孩子，只有小华一个儿子。老华在吃穿用度上从不亏待小华，对小华百般溺爱，以至于小华成了个吊儿郎当的纨绔子弟。小华的生活极度奢华，不断向老华要钱，在老华拿不出钱来的时候，小华就去偷去抢。最终，小华进了监狱，得到了应有的惩罚。3年后，老华因肝癌晚期时日无多，想让小华以后继承自己的房产，但小华已经入狱，老华不知道小华还能不能分得自己的遗产。那么请问，孩子入狱，还能继承父亲的遗产吗？

法律解析

继承人并不一定都能够继承遗产，在某些法定情形下，继承人可能会丧失继承权。我国《民法典》第1125条第1款规定："继承人有下列行为之一的，丧失继承权：（一）故意杀害被继承人；（二）为争夺遗产而杀害其他继承人；（三）遗弃被继承人，或者虐待被继承人情节严重；（四）伪造、篡改、隐匿或者销毁遗嘱，情节严重；（五）以欺诈、胁迫手段迫使或者妨碍被继承人设立、变更或者撤回遗嘱，情节严重。”也就是说，继承人想要继承遗产，就不能实施上面5种行为。法律规定的这5种继承人丧失继承权的情形，基本上都是继承人有故意实施损害被继承人利益的行为，这样的规定能够更好地保护被继承人，防止继承人因想要多分得遗产而作出对被继承人不利的行为。

在上面的案例中，小华虽然尚在狱中，但其是因盗窃和抢劫入狱，而不是因为实施了法律规定的5种丧失继承权的行为，因此小华并不会丧失继承权，仍然可以继承老华的遗产。

法条链接

《中华人民共和国民法典》第1125条第1款

53. 遗弃老人是否会丧失对老人的继承权？

案情回放

老潘、小潘父子二人经营了一片水果种植园，靠贩卖水果为生。去年，老潘带着自家的水果去城里摆摊时，不小心发生了车祸。自此，老潘下半身瘫痪，只能躺在病床上度日。小潘在繁忙之余，时常会照顾父亲老潘。但是，久病床前无孝子，小潘在照顾老潘的过程中渐渐感到厌烦，思虑良久，决定狠下心来，自己孤身一人去城市务工，不再管老潘的死活。小潘离去后，幸而村委会组织了一些志愿者村民轮流照顾老潘。3 年后，老潘身体越来越差，村主任想办法联系到小潘，让他回家见父亲最后一面。小潘回到家，见到病入膏肓的父亲后满心悔过，决定留下来陪伴父亲走完人生最后一程。那么请问，像小潘这样，先是遗弃父亲，后来又悔过的，是否会丧失继承权？

法律解析

我国民法详细地规定了继承人丧失继承权的 5 种法定情形。其中，《民法典》第 1125 条第 1 款规定："继承人有下列行为之一的，丧失继承权：……（三）遗弃被继承人，或者虐待被继承人情节严重；……"也就是说，如果继承人遗弃被继承人，继承人将丧失继承权。民法作出该项规定，旨在防止继承人为了获得遗产而逃避赡养义务的状况。但是，并非所有遗弃继承人的情况，都将导致继承人丧失继承权。对此，我国《民法典》第 1125 条第 2 款规定："继承人有前款第三项至第五项行为，确有悔改表现，被继承人表示宽恕或者事后在遗嘱中将其列为继承人的，该继承人不丧失继承权。"因此，如果继承人能够真诚悔过，并且获得被继承人的谅解的，那么其仍然可以继续享有继承权。

在上面的案例中，小潘遗弃了父亲老潘，应当丧失继承权，但是其后来真诚悔过，如果获取了老潘的原谅，或者事后老潘在遗嘱中明确将小潘列为继承人的，小潘将不会丧失继承权，仍然可以继承老潘的遗产。

法条链接

《中华人民共和国民法典》第1125条第1款、第2款

54. 胎儿能否继承遗产？

案情回放

陶某与前妻共育有2个女儿，在前妻因病去世后，陶某又娶了周女士。他们俩结婚不到一年，周女士就怀上了一个孩子，在周女士怀孕期间，陶某更加拼命地在外赚钱，四处奔波。不幸的是，陶某在一次出差途中路遇泥石流遇难。在陶某死亡后，大家从悲痛中恢复过来，想要划分陶某留下的遗产。陶某的两个女儿认为，周女士肚子里怀的孩子还没有出生，因而是不可以继承遗产的。但是周女士认为，这个孩子也是陶某的孩子，应当继承陶某的遗产。那么请问，胎儿

能否继承遗产呢？

法律解析

我国《民法典》继承编将尚未出生的胎儿视为能够继承遗产的个体。《民法典》第1155条规定：“遗产分割时，应当保留胎儿的继承份额。胎儿娩出时是死体的，保留的份额按照法定继承办理。”也就是说，胎儿享有继承权，在分割遗产的时候，必须为其保留份额，如果没有保留，根据《最高人民法院关于适用〈中华人民共和国民法典〉继承编的解释（一）》第31条第1款之规定：“应当为胎儿保留的遗产份额没有保留的，应从继承人所继承的遗产中扣回。”但胎儿最终是否能够继承遗产，取决于胎儿出生时的生存情况，如果胎儿出生时是活体，可以继承为他保留的遗产，反之，如果胎儿出生时是死体，那么就不可以继承遗产，为他保留的份额由其他继承人按照法定继承来继承。

在上面的案例中，虽然周女士怀的孩子尚未出生，但是在分割陶某的遗产时，应当为这个未出生的胎儿保留相应的遗产份额。也就是说，胎儿在正常出生的情况下，可以继承遗产。如果胎儿在腹中夭折或者出生时就是死体的，则为其保留的遗产份额再由周女士和陶某的两个女儿进行分割继承。

法条链接

《中华人民共和国民法典》第 1155 条

《最高人民法院关于适用〈中华人民共和国民法典〉继承编的解释（一）》第 31 条第 1 款

55. 轻度精神分裂症患者可以设立遗嘱吗？

案情回放

老杜的 3 个孩子都选择了去大城市打拼，因此，多年来老杜一直和老伴纪大妈在老家相依为命。去年，纪大妈由于乳腺癌不幸去世，自此，老杜受到了刺激，有的时候会出现心情抑郁、焦虑、烦躁的情况，甚至影响到了睡眠和食欲，做事也有时会提不起劲来。老杜觉得整个人的生活状态都非常的压抑，于是在朋友的鼓励下去看了医生，被诊断出来已经患有轻度的精神分裂症。医生说虽然现在还只是轻度，但如果不抓紧治疗的话，可能会加重病情，甚至会无法辨认自己的行为。老杜听了医生的话，想趁着自己还清醒，立一个遗嘱，将自己的财产分配好。那么请问，轻度精神疾病患者可以设立遗嘱吗？

法律解析

我国《民法典》第1143条第1款规定："无民事行为能力人或者限制民事行为能力人所立的遗嘱无效。"此外，《最高人民法院关于适用〈中华人民共和国民法典〉继承编的解释（一）》第28条对该条进行了更具体的解释："遗嘱人立遗嘱时必须具有完全民事行为能力。无民事行为能力人或者限制民事行为能力人所立的遗嘱，即使其本人后来具有完全民事行为能力，仍属无效遗嘱。遗嘱人立遗嘱时具有完全民事行为能力，后来成为无民事行为能力人或者限制民事行为能力人的，不影响遗嘱的效力。"也就是说，在不违反其他遗嘱的有效要件的情况下，行为人所立遗嘱是否有效，应当具体去考量其在立遗嘱时的民事行为能力的状况。只有在立遗嘱时为完全民事行为能力人，其所立的遗嘱才是有效的。

在上面的案例中，虽然老杜患有轻度精神分裂症，但是并不影响老杜对自己行为的认知，老杜在订立遗嘱时仍然是完全民事行为能力人，他可以设立遗嘱。

法条链接

《中华人民共和国民法典》第1143条第1款

《最高人民法院关于适用〈中华人民共和国民法典〉继承编

的解释（一）》第 28 条

56. 去世前口头立的遗嘱是否有效？

案情回放

熊大爷多年来一直肺病缠身。去年，熊大爷被查出肺癌晚期，自此之后一直在住院治疗，曾经两次被送去抢救。前几天，熊大爷又被送进了 ICU 进行抢救，但是这次医生也无能为力了。在去世前，熊大爷想起自己的一儿一女，想起自己的老伴儿，便要求医生和护士做个见证，口头上对自己的财产进行了分配，把自己祖上传下来的两套老宅院一套给了老伴，一套给了女儿，其余的遗产都给儿子。说完，熊大爷便去世了。事后，熊大爷的儿子小熊认为口头遗嘱不具有效力。那么请问，去世前口头立的遗嘱是否有效？

法律解析

我国《民法典》第 1138 条明确规定："遗嘱人在危急情况下，可以立口头遗嘱。口头遗嘱应当有两个以上见证人在场见证。危急情况消除后，遗嘱人能够以书面或者录音录像形式立遗嘱的，所立的口头遗嘱无效。"也就是说，口头遗嘱生效的要件有两个：一是应当在危急情况下；二是应当由两个以上的见证人见证。此外，如果危急情况消除，遗嘱人能够重新订立遗嘱的，之前的口头遗嘱无效。

在上面的案例中，熊大爷是在抢救的过程中订立的口头遗嘱，属于在危急情况下订立的口头遗嘱，并且，有当时做手术的医生、护士等人作为见证人，因此，熊大爷的口头遗嘱有效，其遗产应当按照遗嘱内容进行分配。

法条链接

《中华人民共和国民法典》第1138条

57. 如何通过录制视频立遗嘱？

案情回放

李某是一位普普通通的农民，从小家里穷，也没读过什么书，一直都是靠勤劳的双手养活家庭。一天，李某在地里干活的时候突然晕倒，被家人立即送到了医院，经过医生详细检查最终确诊为尿毒症，只有换肾才能挽救李某的生命。李某得知自己的病情后，觉得自己也活不了多久了，于是决定立一份遗嘱，但是考虑到自己又不太会写字，便想通过手机录制视频的方式立遗嘱。那么请问，李某应如何通过录制视频立遗嘱呢？怎么做才有效呢？

法律解析

如今，手机已经成为大家不可或缺之物，通过手机来录制视频方便快捷、便于保存，那么，如果通过手机来录制遗嘱，怎么做才算合法有效呢？对此，我国《民法典》中有明确的规定。手机视频遗嘱属于录像遗嘱，为保障遗嘱人的真实意思，其生效条件更为严格。我国《民法典》第 1137 条规定："以录音录像形式立的遗嘱，应当有两个以上见证人在场见证。遗嘱人和见证人应当在录音录像中记录其姓名或者肖像，以及年、月、日。"

在上面的案例中，李某如果想要通过录制手机视频的方式订立遗嘱，需要找到至少两个见证人为其见证[①]。此外，在录像中，还应当记录李某和见证人的姓名或者肖像及具体日期。在完全具备上述条件后，该份录像遗嘱才具有法律效力。

法条链接

《中华人民共和国民法典》第 1137 条

① 见证人应具备见证人的能力问题，具体详见问题 58。

58. 哪些人不能成为遗嘱见证人？

案情回放

吴先生是一位农民企业家，在十里八乡小有名气。前些年，吴先生的妻子不幸遭遇车祸去世，后来吴先生因忙于事业，没有再娶妻。年岁大了之后，吴先生越来越渴望家庭的温暖，恰好同村的寡妇赵某跟他关系不错，两人也能聊得来，于是吴先生决定与赵某进一步发展关系。没多久，两人便生活在了一起。吴先生生病时，赵某一心一意地照顾他。后来，吴先生担心自己死后赵某拿不到财产，便准备立一份遗嘱。立遗嘱的时候，吴先生找到了自己的好友张某及其上初中的儿子张小某（14 岁）作为见证人，两人欣然答应。那么请问，这两人可以作为见证人吗？哪些人不能成为遗嘱见证人？

法律解析

在立代书遗嘱、打印遗嘱、录音录像遗嘱时，均需要有见证人在场。见证遗嘱是一种重要的法律行为，因此法律对见证人的范围有一定的限制。我国《民法典》第 1140 条规定：“下列人员不能作为遗嘱见证人：（一）无民事行为能力人、限制民事行为能力人以及其他不具有见证能力的人；（二）继承人、受遗赠人；（三）与继承人、受遗赠人有利害关系的人。”因此，有三类人员不能做遗嘱见证人。第一类是不满 18 周岁的未成年人、不能完全辨认自己行为的成年人以及其他不具有见证能力的人。例如，醉酒等情况会影响人的判断能力和识别能力，醉酒的人属于其他不具有见证能力的人。第二类是继承人、受遗赠人。继承人和受遗赠人包括配偶、父母、子女、祖父母、外祖父母、兄弟姐妹。在这里，子女包括婚生子女、非婚生子女、养子女和有抚养关系的继子女，父母包括亲生父母、养父母和有扶养关系的继父母，兄弟姐妹包括同父母的兄弟姐妹、同父异母或同母异父的兄弟姐妹、养兄弟姐妹和有扶养关系的继兄弟姐妹。第三类是与继承人、受遗赠人有利害关系的人。这里的利害关系主要是指民事权利义务关系，比如继承人或受遗赠人的债权人等。

在上面的案例中，张某的儿子在上初中，只有 14 岁，属于“不满 18 周岁的未成年人”，因此不能作为遗嘱见证人。

法条链接

《中华人民共和国民法典》第 1140 条

59. 立完遗嘱后，还可以反悔吗？

案情回放

钱某今年75岁，家住在农村，妻子早年去世，膝下有一子。钱某的儿子大学毕业参加工作后很少回家，偶尔会给钱某打个电话问候一下。钱某想着儿子在外边工作不容易，就算不回来也不计较什么。去年年底，钱某决定立一份遗嘱，遗嘱写明钱某死后，他名下的所有财产都由儿子一人继承，并且进行了公证。可就在前不久，钱某突然中风，经过抢救后有半边身体失去了行动能力。可就算这样，钱某的儿子也没有回来照顾生病的父亲，对此，钱某感到非常失望。于是钱某决定重新立一份遗嘱，不想把财产留给儿子了，想将来把遗产捐给村委会。那么请问，钱某已经立完遗嘱，还能反悔吗？

法律解析

我国《民法典》第1142条规定："遗嘱人可以撤回、变更自己所立的遗嘱。立遗嘱后，遗嘱人实施与遗嘱内容相反的民事法律行为的，视为对遗嘱相关内容的撤回。立有数份遗嘱，内容相抵触的，以最后的遗嘱为准。"也就是说，遗嘱人在订立遗嘱后，死亡之前，认为遗产的分配不合理或者不公平的，可以随时改变自己的主意，如果遗嘱人立了多份内容相互抵触的遗嘱，以最后订立的遗嘱为准。

在上面的案例中，钱某因对儿子失望，想重新订立一份新的遗嘱，应该以新订立的遗嘱内容进行遗产的分配。并且，《民法典》生效后，公证遗嘱不再具有独一无二的优先效力。

法条链接

《中华人民共和国民法典》第1142条

60. 老人可以立遗嘱把"传家宝"赠给村委会吗？

案情回放

陈奶奶于2021年2月19日凌晨去世，享年85岁。陈奶奶年轻时是一位人民教师，就连退休后也在忙于教育事业，可以说这一生都在为国家的教育事业做贡献。陈奶奶有两个女儿，嫁得都非常远，几乎不怎么回来看望陈奶奶，陈奶奶年纪大了后都是由村委会安排人照顾。对此，陈奶奶为了报答村委会，决定立遗嘱把价值不菲的"传家宝"赠给居委会。那么请问，陈奶奶可以立遗嘱把"传家宝"赠给村委会吗？

法律解析

法律充分尊重个人的合法行为。作为自然人，我们可以按照自己的意愿处分财产，如果不想将财产留给法定继承人继承，可以通过立遗嘱的方式将财产赠与国家、集体，还可以赠与组织或者个人。正如我国《民法典》第1133条第3款规定："自然人可以立遗嘱将个人财产赠与国家、集体或者法定继承人以外的组织、个人。"

在上面的案例中，陈奶奶当然可以不将自己的"传家宝"留给儿女，而通过订立遗嘱的方式将"传家宝"赠与村委会。

法条链接

《中华人民共和国民法典》第1133条第3款

61. 遗产管理人可以得到报酬吗？

案情回放

孙某与王某不仅是一个村子的，两人还是发小，关系十分要好。2021年2月，孙某感觉自己身体不舒服，便去医院做检查，结果很不幸被检查出肺癌晚期。后来，孙某担心自己去世后，留下的财产无人管理，便找到了王某，让王某担任自己的遗产管理人。因此，孙某去世后，王某便担任起了孙某的遗产管理人，花费了大量的精力和时间处理孙某的遗产。那么请问，什么是遗产管理人？王某作为遗产管理人可以得到报酬吗？

法律解析

遗产管理人是被继承人的遗产管理者，依照法律、当事人的约定履行相应的遗产管理职责。我国《民法典》第 1147 条规定："遗产管理人应当履行下列职责：（一）清理遗产并制作遗产清单；（二）向继承人报告遗产情况；（三）采取必要措施防止遗产毁损、灭失；（四）处理被继承人的债权债务；（五）按照遗嘱或者依照法律规定分割遗产；（六）实施与管理遗产有关的其他必要行为。"我国《民法典》第 1149 条规定："遗产管理人可以依照法律规定或者按照约定获得报酬。"遗产管理人为管理他人事务付出时间和精力，应当有获得报酬的权利，这体现出法律公平、权利义务对等原则。

在上面的案例中，王某作为孙某的遗产管理人，按照法律规定积极履行了其作为遗产管理人的职责，为他人事务付出了大量的时间和精力，有获得报酬的权利，根据《民法典》的规定，王某可以依照法律规定或者与当事人约定的标准获得相应的报酬。

法条链接

《中华人民共和国民法典》第 1147 条、第 1149 条

62. 受遗赠人篡改遗嘱，会丧失受遗赠权吗？

案情回放

李某与郑某是同村人。李某妻子已经去世，儿子尚年幼；郑某的丈夫也已经去世，膝下无子。李郑两人常常互相照顾，关系一直不错。郑某只要有空就会去给李某做做饭、洗洗衣服，李某也十分欣赏郑某，但两人碍于面子，从来没有提过结婚的事情。后来，李某查出得了不治之症，担心自己去世后郑某过得不好，决定立一份遗嘱，遗嘱中载明等自己去世以后将自己 1/5 的财产赠给郑某，并请求郑某一直陪伴着自己。但郑某对于李某的遗嘱并不满意，因此趁李某不在家时，偷偷将遗嘱内容改掉，改成了“将全部财产赠与郑某”。后来，李某发现了郑某私自篡改遗嘱内容的事情，他想知道郑某是否会就此丧失受遗赠权了呢？

法律解析

我国《民法典》第 1125 条规定：“继承人有下列行为之一的，

丧失继承权：（一）故意杀害被继承人；（二）为争夺遗产而杀害其他继承人；（三）遗弃被继承人，或者虐待被继承人情节严重；（四）伪造、篡改、隐匿或者销毁遗嘱，情节严重；（五）以欺诈、胁迫手段迫使或者妨碍被继承人设立、变更或者撤回遗嘱，情节严重。继承人有前款第三项至第五项行为，确有悔改表现，被继承人表示宽恕或者事后在遗嘱中将其列为继承人的，该继承人不丧失继承权。受遗赠人有本条第一款规定行为的，丧失受遗赠权。”由此可见，“篡改……遗嘱，情节严重”属于丧失受遗赠权的法定情形之一。

在上面的案例中，郑某将李某遗嘱中的“1/5”改为“全部”，根据《最高人民法院关于适用〈中华人民共和国民法典〉继承编的解释（一）》第9条的规定：“继承人伪造、篡改、隐匿或者销毁遗嘱，侵害了缺乏劳动能力又无生活来源的继承人的利益，并造成其生活困难的，应当认定为民法典第一千一百二十五条第一款第四项规定的‘情节严重’。”李某的儿子尚年幼，郑某篡改遗嘱的行为侵犯到郑某儿子的合法权益，应符合“情节严重”，理应丧失受遗赠权。郑某丧失受遗赠权后，遗产应按照法定继承办理，即由李某的儿子继承。

法条链接

《中华人民共和国民法典》第1125条

《最高人民法院关于适用〈中华人民共和国民法典〉继承编的解释（一）》第9条

63. 遗赠扶养协议只能与扶养人或者集体所有制组织签订吗？

案情回放

某村的郭老伯今年已经60岁了，身体状态每况愈下。然而，在去年，郭老伯在外打工的两个孩子相继因意外事故去世，只留下郭老伯一个人孤零零地活着。郭老伯想到自己的身体状况，于是便为自己物色了一家县城的私立养老院，听说里面的条件非常不错，配套设施齐全，还经常组织活动。于是，郭老伯在深思熟虑之后，与这家养老院签订了遗赠扶养协议，要求该养老院为郭老伯养老送终，而在郭老伯去世后，养老院可以继承郭老伯的财产。但此时，郭老伯的朋友告诉他，遗赠扶养协议只能与扶养人或集体所有制组织签订，该私立养老院不符合条件。那么请问，遗赠扶养协议只能与扶养人或者集体所有制组织签订吗？

法律解析

在民法典还未出台前，我国原《继承法》第31条规定："公民可以与扶养人签订遗赠扶养协议。按照协议，扶养人承担该公民生养死葬的义务，享有受遗赠的权利。公民可以与集体所有制组织签订遗赠扶养协议。按照协议，集体所有制组织承担该公民生养死葬的义务，享有受遗赠的权利。”因此，在原来的《继承法》的规定下，遗赠扶养协议只能与扶养人或集体所有制组织签订，但是，2021年生效的《民法典》扩大了遗赠扶养人的范围，将其中的“组织”不再局限于集体所有制的组织形式，而是扩大到了所有组织。我国《民法典》第1158条明确规定：“自然人可以与继承人以外的组织或者个人签订遗赠扶养协议。按照协议，该组织或者个人承担该自然人生养死葬的义务，享有受遗赠的权利。”也就是说，在《民法典》的规定下，自然人可以与继承人以外的所有组织或者个人签订遗赠扶养协议。民法典充分考虑到了我国老年人的利益，修改了原继承法以满足形式多样化的养老需求。

在上面的案例中，郭老伯可以与继承人之外的任何组织或者个人签订遗赠扶养协议，包括这家私立养老院，其朋友的说法是不准确的。

法条链接

《中华人民共和国民法典》第1158条

64. 继承人能否只继承被继承人的遗产而不偿还被继承人的债务?

案情回放

老杨和小杨是父子，两人相依为命，在村头承包了一个荷塘，做养殖鱼的生意。今年初，老杨心脏病发作，不幸去世。在老杨死亡后，小杨原本要继承老杨留下的遗产，也就是家里的房子，还有一些零碎的财产。但是之前老杨为了创业做生意，找各位亲朋好友借了30万元。小杨听朋友说，自己可以只继承老杨的遗产，而不必偿还老杨所欠下的债务。那么，继承人能否只继承被继承人的遗产而不偿还被继承人的债务呢?

法律解析

对于继承人需要处理的被继承人的财产和债务，其实我国法律已经有了明确的规定。我国《民法典》第1159条规定："分割遗产，应当清偿被继承人依法应当缴纳的税款和债务；但是，应当为缺乏劳动能力又没有生活来源的继承人保留必要的遗产。"同时，《民法典》第1161条规定："继承人以所得遗产实际价值为限清偿被继承人依法应当缴纳的税款和债务。超过遗产实际价值部分，继承人自愿偿还的不在此限。继承人放弃继承的，对被继承人依法应当缴纳的税款和债务可以不负清偿责任。”也就是说，继承遗产和偿还被继承人的债务不可分割，继承被继承人遗产的同时，就必然会承担被继承人的债务。只有在继承人放弃继承的情况下，才可以不偿还被继承人所欠下的债务和税费。同时，如果继承人接受了继承，其需要偿还被继承人所欠下的税费和债务的范围，也应当以其继承的被继承人的财产范围为限。

在上面的案例中，小杨如果选择继承父亲的遗产，就应当以其所继承的全部财产去偿还老杨所欠下的税费和债务。如果小杨不想去偿还这部分债务，那么可以选择放弃继承。

法条链接

《中华人民共和国民法典》第 1159 条、第 1161 条

65. 法定继承和遗赠同时存在，被继承人的债务由谁承担？

案情回放

农民老温打拼了大半辈子，终于把自家的猪肉卖到了全国各地，成为一个成功的农民企业家。但是，在老温晚年的时候

却饱受肝癌折磨，由于他的几个孩子都在大城市打工，并没有留在老家，老温身边只有其聘请的一个保姆孙阿姨在照顾他。孙阿姨尽心尽力地照顾老温，老温深受感动，于是老温在预感自己将死之前立下一份遗嘱。遗嘱上写明，在老温死后，会将自己在村里的一栋小楼送给孙阿姨，其余的财产由自己的孩子们进行分割。在老温死后，他的孩子们在分割遗产时发现父亲还有50万元的债务未还。那么请问，在法定继承和遗赠同时存在时，被继承人的债务由谁承担？老温欠下的债务是应当由老温的孩子们偿还，还是应当由孙阿姨用房子偿还？

法律解析

对于法定继承和遗赠同时存在时被继承人的债务承担问题，我国法律已经有了明确的规定。我国《民法典》第1163条规定："既有法定继承又有遗嘱继承、遗赠的，由法定继承人清偿被继承人依法应当缴纳的税款和债务；超过法定继承遗产实际价值部分，由遗嘱继承人和受遗赠人按比例以所得遗产清偿。"也就是说，对于被继承人的债务和税费，应当优先用法定继承人所继承的遗产来偿还，只有在法定继承人继承的遗产不足以偿还债务时，才需要由遗嘱继承人、受遗赠人以其所得的遗产按比例来进行清偿。

在上面的案例中，老温的财产中除了其明确赠与孙阿姨的那栋小楼之外，其余的财产都应当适用法定继承的法律规定，因此，老温的债务应当优先用这部分适用法定继承的遗产来进行偿还，只有这部分遗产不足以偿还时，才有可能会用孙阿姨继承的小楼来偿还债务。

法条链接

《中华人民共和国民法典》第1163条

第六章

人格权利

66. 什么是人格权？其包含哪些内容？

案情回放

老王和老刘是同一个村的村民，并且二人的农地相邻。最近几年，老王夫妇经常被接去城里帮儿子儿媳照顾孙子，无暇顾及农地里的庄稼。因此，老王为了省心就在自家农地里栽了树苗。随着树苗长得越来越高，导致老刘农地里的庄稼得不到光照，粮食产量一直下降，因此老刘就找到老王和他理论，希望他能把地里的树苗卖掉继续种庄稼。谁知道老王不仅不愿意，还辱骂老刘，甚至将老刘打成重伤。老刘非常生气，觉得老王打骂自己的行为侵犯了自己的人格权，于是决定去法院告老王。那么请问，究竟什么是人格权？其又包含了哪些内容呢？

法律解析

人格权，是指民事主体固有的，并且由法律直接赋予民事主体所享有的各项人身权利。同时，人格权是民事主体的一项基本权利，任何人都不得侵害他人的人格权。我国《民法典》第 990 条规定："人格权是民事主体享有的生命权、身体权、健康权、姓名权、名称权、肖像权、名誉权、荣誉权、隐私权等权利。除前款规定的人格权外，自然人享有基于人身自由、人格尊严产生的其他人格权益。”也就是说，人格权是每个民事主体生来就具有的权利，并且由法律承认和保护。其具体包括生命权、身体权、健康权、姓名权、名称权、肖像权、名誉权、荣誉权、隐私权等权利，除以上人格权外，自然人还享有基于人身自由、人格尊严产生的其他人格权益。

在上面的案例中，老王打骂老刘的行为确实侵犯了老刘的人格权。其中，老王辱骂老刘的行为具体侵犯了老刘的名誉权，老王将老刘打伤的行为侵犯了老刘的健康权，名誉权和健康权都是具体的人格权。因此，老刘可以向法院起诉老王以获得相应的法律救济。

法条链接

《中华人民共和国民法典》第990条

67. 人格权受到侵犯后，可以要求侵权人承担哪些责任？

案情回放

小飞和小丽是同一个村里长大的，两人青梅竹马，小飞一直暗恋小丽，但小丽只是把小飞当成普通朋友。高考结束后，两人都没考上大学，小飞留在村里帮父亲打理田地，小丽则外出打工。后来小丽认识了小李，两人情投意合，不久就结婚了。但此时的小飞依然暗恋小丽，他看不惯小丽和小李恩爱的样子，于是编造出他和小丽有不正当关系的闲话，传得村里尽人皆知。小李知道后十分生气，去找小飞理论，哪知道他不但不承认其行为，还和小李打了起来。小丽觉得这件事不能就这么算了，她决定起诉小飞，让他承担法律责任。那么请问，人格权受到侵犯后，可以要求侵权人承担哪些责任？

法律解析

每个人都具有人格权，且该项权利受法律保护，当人格权被侵犯后，可以要求侵权人承担相应的法律责任。我国《民法典》第 995 条规定：“人格权受到侵害的，受害人有权依照本法和其他法律的规定请求行为人承担民事责任。受害人的停止侵害、排除妨碍、消除危险、消除影响、恢复名誉、赔礼道歉请求权，不适用诉讼时效的规定。”第 1179 条规定：“侵害他人造成人身损害的，应当赔偿医疗费、护理费、交通费、营养费、住院伙食补助费等为治疗和康复支出的合理费用，以及因误工减少的收入。造成残疾的，还应当赔偿辅助器具费和残疾赔偿金；造成死亡的，还应当赔偿丧葬费和死亡赔偿金。”第 1183 条第 1 款规定：“侵害自然人人身权益造成严重精神损害的，被侵权人有权请求精神损害赔偿。”也就是说，人格权受到侵害后，除了可以要求侵害人承担停止侵害、排除妨碍、消除危险、消除影响、恢复名誉、赔礼道歉等民事责任，有侵犯人格权导致他人人身损害的，还可以要求侵权人进行民事赔偿，赔偿的费用包括医疗费等一切合理费用。而且，如果侵害他人人格权造成严重精神损害的，被侵权人还可以要求精神损害赔偿。

在上面的案例中，小飞编造并散播闲话的行为侵犯了小丽的名誉权，小丽可以要求小飞消除影响、恢复名誉、赔礼道歉，如果小飞的这种行为给小丽造成了精神损害，小丽还可以要求小飞承担精神损害赔偿。

法条链接

《中华人民共和国民法典》第995条、第1179条、第1183条第1款

68. 孩子可以随父母以外的抚养人姓吗？

案情回放

星星的父母不幸在一次车祸中去世，留下了年仅3岁的星星跟着爷爷奶奶生活。但爷爷奶奶都生活在农村，无法给予星

星好的生活条件和教育条件。同时，星星的姑姑姑父因为无法生育导致多年来都没有孩子，于是星星的爷爷奶奶将星星交由家庭条件更好的姑姑姑父来抚养。姑姑和姑父将星星看作自己的亲生孩子，星星也在他们无微不至的照顾中幸福地成长。随着星星的长大，姑姑和姑父想让星星改名跟随姑父的姓，星星也表示同意。那么请问，星星改名可以选择姑父的姓氏吗？

法律解析

通常来讲，孩子应当跟随父姓或者母姓，但是，我国《民法典》第1015条规定："自然人应当随父姓或者母姓，但是有下列情形之一的，可以在父姓和母姓之外选取姓氏：（一）选取其他直系长辈血亲的姓氏；（二）因由法定扶养人以外的人扶养而选取扶养人姓氏；（三）有不违背公序良俗的其他正当理由。少数民族自然人的姓氏可以遵从本民族的文化传统和风俗习惯。"也就是说，在符合一定条件的情况下，孩子取名可以选择自己父母姓氏之外的其他姓氏。具体而言，孩子不跟随父姓也不跟随母姓的情况有三种：一是可以跟随直系长辈血亲的姓氏，比如跟随外公外婆、爷爷奶奶的姓氏；二是跟随法定扶养人以外的扶养人的姓氏；三是有其他不违背公序良俗的正当理由。而且，少数民族自然人可以遵从本民族的文化传统和风俗习惯。

在上面的案例中，星星的生父母在车祸中去世，爷爷奶奶也无法很好地抚养星星，星星实际上是由姑姑和姑父抚养长大，因此，其可以依照上述法律规定跟随姑父的姓氏。这符合“跟随法定扶养人以外的扶养人的姓氏”这一规定。

法条链接

《中华人民共和国民法典》第1015条

69. 恶搞他人的照片并发到朋友圈，侵权了吗？

案情回放

赵某和钱某是邻居，赵某为人和善，做事踏实，为人处世的能力得到全村人的认可。而钱某则为人吝啬，经常因为鸡毛蒜皮的小事与其他村民吵架，全村人都不愿意跟他打交道。2021年4月27日，该村举行了村民委员会换届选举会议，赵某再次高票当选该村的村委会成员，而钱某则再一次落选。钱某对选举结果十分不满，心生嫉妒，于是将赵某的照片进行恶搞后发到了自己的朋友圈，想通过这种方式来发泄其对选举结果和赵某的不满。那么请问，钱某的这种做法是否侵害了赵某的肖像权？

法律解析

肖像权是人格权的一种，是我们与生俱来的权利，任何人都不得侵犯。我国《民法典》第1019条第1款规定：“任何组织或者个人不得以丑化、污损，或者利用信息技术手段伪造等方式侵害他人的肖像权。未经肖像权人同意，不得制作、使用、公开肖像权人的肖像，但是法律另有规定的除外。”也就是说，任何组织或者个人以丑化、污损，或者利用信息技术手段伪造他人肖像的行为，都是侵害他人肖像权的行为。而且，未经肖像权人同意，其他民事主体也不得制作、使用、公开肖像权人的肖像，但是法律另有规定的除外。

在上面的案例中，钱某不仅以丑化的方式侵害了赵某的肖像权，还在未经过赵某同意的情况下就将赵某的肖像在朋友圈公开，朋友圈并不是法外之地，钱某在网络平台上的这种行为会影响赵某的名誉，干扰赵某的生活，导致赵某社会评价降低等不利后果，严重侵犯了赵某的肖像权。

法条链接

《中华人民共和国民法典》第1019条第1款

70. 编造并传闲话损毁他人名誉的，应承担什么法律责任？

案情回放

22岁的周某和50岁的吴某是同一个村的村民，周某之前谈过一个男朋友李某，两个人感情还可以，但因为家庭条件相差很大，以及双方父母的反对，周某和李某便于2020年10月分手了。后来经村里人介绍，2021年2月周某认识了现在的对象王某，两人相处得不错，而且双方父母都很满意，于是两人很快就步入了婚姻的殿堂，并且在结婚后不久周某就怀孕了。吴某本来就是村里爱说闲话的老太太，对于周某分手后不久就结婚并怀孕的事情，她凭空编造出周某怀的孩子不是王某的闲话，传得整个村里无人不知，严重损害了周某的名誉。那么请问，对于吴某这种编造并传出闲话毁损他人名誉的行为，应承担什么法律责任？

法律解析

我国《民法典》第1024条第1款规定："民事主体享有名誉权。任何组织或者个人不得以侮辱、诽谤等方式侵害他人的名誉权。"同时，我国《民法典》第995条规定："人格权受到侵害的，受害人有权依照本法和其他法律的规定请求行为人承担民事责任。受害人的停止侵害、排除妨碍、消除危险、消除影响、恢复名誉、赔礼道歉请求权，不适用诉讼时效的规定。”也就是说，名誉权是人格权的一种，任何组织或个人都不得侵害他人的名誉权，侵害他人名誉权的民事主体应当承担停止侵害、排除妨碍、消除危险、消除影响、恢复名誉、赔礼道歉等法律责任。

在上面的案例中，吴某在毫无事实根据的情况下，编造并传播了周某的闲话，损害了周某的名誉权，应当承担停止侵害、排除妨碍、消除危险、消除影响、恢复名誉、赔礼道歉等法律责任。

法条链接

《中华人民共和国民法典》第 995 条、第 1024 条第 1 款

71. 偷偷在别人家中安装摄像头的，违法了吗？

案情回放

冯某和陈某是一对夫妻，郑某是冯某的邻居。为了赚钱养家，丈夫冯某常年外出打工，留妻子陈某一人在家生活。因为

冯某经常不在家，当田里有农活忙不过来或者家里有重活的时候，妻子陈某就会麻烦邻居郑某帮忙干活。冯某担心妻子陈某与邻居郑某交往过密产生不好的影响，于是就偷偷在自己家和郑某家中安装了摄像头，这样冯某即使在外地打工，也能够时刻关注到家里妻子的情况，以及邻居郑某家里的情况。那么请问，丈夫冯某的这种做法违法吗？

法律解析

隐私权是人格权的一种，任何人都不得随意侵害他人的隐私权。我国《民法典》第 1032 条规定：“自然人享有隐私权。任何组织或者个人不得以刺探、侵扰、泄露、公开等方式侵害他人的隐私权。隐私是自然人的私人生活安宁和不愿为他人知晓的私密空间、私密活动、私密信息。”同时，我国《民法典》第 1033 条规定：“除法律另有规定或者权利人明确同意外，任何组织或者个人不得实施下列行为：（一）以电话、短信、即时通讯工具、电子邮件、传单等方式侵扰他人的私人生活安宁；（二）进入、拍摄、窥视他人的住宅、宾馆房间等私密空间；（三）拍摄、窥视、窃听、公开他人的私密活动；（四）拍摄、窥视他人身体的私密部位；（五）处理他人的私密信息；（六）以其他方式侵害他人的隐私权。”也就是说，隐私权是每个民事主体都享有的权利，任何组织或者个人不得刺探其他民事主体的隐私，更不能进入、拍摄、窥视他人的住宅等私密空间。

在上面的案例中，冯某为了防止妻子陈某与邻居郑某交往过密，在未征得郑某同意的情形下，就偷偷在郑某家中安装摄像头的行为侵犯了邻居郑某的隐私权，违反了法律规定。

法条链接

《中华人民共和国民法典》第 1032 条、第 1033 条

72. 将欠钱不还的人的姓名和照片发布到网上，侵权了吗？

案情回放

赵某和孙某是同一个村的村民，几年前，赵某因为外出做生意缺少本钱，于是向孙某借了 5 万元钱，当时也出具了借条。刚开始，赵某的生意不太好，没有赚到钱，孙某就没好意思让赵某还钱。后来，赵某做生意的时间久了，积累了不少经验，顾客越来越多，生意也越来越好，每年都能挣到不少钱，但他从来没提过要还孙某的 5 万元钱。恰巧今年孙某要翻修村里的房子，手头的钱不够，于是找到赵某希望他能还钱，但赵某以生意不好赚不到钱为由拒绝还钱。孙某非常生气，一怒之下将

赵某的姓名和照片等个人信息发布到网上，希望以这种方式迫使他还钱。但赵某认为孙某的做法泄露了自己的个人信息，是侵权行为。那么请问，将欠钱不还的人的姓名和照片发布到网上，侵权了吗？

法律解析

自然人的肖像权和个人信息受法律保护，任何人都不得随意在网上公开他人的肖像和个人信息。我国《民法典》第 1019 条第 1 款规定："任何组织或者个人不得以丑化、污损，或者利用信息技术手段伪造等方式侵害他人的肖像权。未经肖像权人同意，不得制作、使用、公开肖像权人的肖像，但是法律另有规定的除外。"第 1034 条规定："自然人的个人信息受法律保护。个人信息是以电子或者其他方式记录的能够单独或者与其他信息结合识别特定自然人的各种信息，包括自然人的姓名、出生日期、身份证件号码、生物识别信息、住址、电话号码、电子邮箱、健康信息、行踪信息等。个人信息中的私密信息，适用有关隐私权的规定；没有规定的，适用有关个人信息保护的规定。"也就是说，未经肖像权人的同意，任何人都不得随意公开肖像权人的肖像。而个人的姓名、出生日期、身份证号码等信息属于个人信息，任何人不得随意在网上公开，否则就是侵犯了他人的权利。

在上面的案例中，孙某如果想让赵某还钱，应当通过合法正当的途径，而不应当在网上公开赵某的姓名和照片。孙某在未经赵某同意的情况下，将赵某的姓名和照片公布到网上，侵犯了赵某的肖像权和个人信息，需要承担一定的法律责任。此外，将"赵某欠钱不还"发到网上，还会在一定程度上对赵某的名誉权有所损害。

法条链接

《中华人民共和国民法典》第1019条第1款、第1034条

73. 哪些个人信息受法律保护？可以随意处理他人的个人信息吗？

案情回放

某天，村里的老徐接到了一个电话，打电话的人声称老徐曾经在某银行注册过一张信用卡，并且该信用卡已经透支了全部额度，还款期限已到，催促老徐尽快还款，否则老徐后续将无法正常办理银行业务。为了提高可信度，对方还报出了老徐的电话号码、身份证号、住址等个人信息。老徐知道自己可能接到了诈骗电话，但是令他十分震惊的是对方竟然对他的个人

信息知晓得如此详细，这证明老徐的个人信息在其不知道的情况下被泄露了。老徐很纳闷，难道他的这些个人信息是不受法律保护的吗？那么请问，哪些个人信息受法律保护？任何人都可以随意处理他人的个人信息吗？

法律解析

我国《民法典》第1034条规定：“自然人的个人信息受法律保护。个人信息是以电子或者其他方式记录的能够单独或者与其他信息结合识别特定自然人的各种信息，包括自然人的姓名、出生日期、身份证件号码、生物识别信息、住址、电话号码、电子邮箱、健康信息、行踪信息等。个人信息中的私密信息，适用有关隐私权的规定；没有规定的，适用有关个人信息保护的规定。”第1035条规定：“处理个人信息的，应当遵循合法、正当、必要原则，不得过度处理，并符合下列条件：（一）征得该自然人或者其监护人同意，但是法律、行政法规另有规定的除外；（二）公开处理信息的规则；（三）明示处理信息的目的、方式和范围；（四）不违反法律、行政法规的规定和双方的约定。个人信息的处理包括个人信息的收集、存储、使用、加工、传输、提供、公开等。”也就是说，自然人的个人信息是受法律保护的，这些个人信息具体包括自然人的姓名、出生日期、身份证件号码、生物识别信息、住址、电话号码、电子邮箱、健康信息、行踪信息等。而其他人在处理他人的个人信息时，应当遵循合法、正当、必要原则，并且满足一定的条件，不得随意处理。

在上面的案例中，老徐的电话号码、身份证号和家庭住址等个人信息是受法律保护的，打电话的人在未征得老徐同意的情况下获取了老徐的个人信息，不满足合法、正当原则，属于违法行为，老徐可以采取法律途径维护自己的权益。

法条链接

《中华人民共和国民法典》第 1034 条、第 1035 条

第七章

侵权纠纷

74. 将人打伤入院，依法需要赔偿哪些费用？

案情回放

上个月，廖某和周某因为种地的事发生口角。廖某的丈夫范某打工回来听说此事，感到非常气愤。恰逢周某又到自家地里胡作非为，范某便上前阻止。二人吵了几句嘴之后，周某趁范某不备捡起地上的铁锹挥在了范某的肩上，后又将范某推倒。几分钟之后，周某冷静下来发现范某已经晕倒，慌乱之下他通知了廖某，并将范某送医。廖某从旁观的村民口中得知此事经过，报了警，并要求周某承担赔偿责任，双方又因赔偿问题发生争执。那么请问，将人打伤入院，依法需要赔偿哪些费用？

法律解析

侵害他人人身权益导致损失的，侵权人应当依法承担侵权责任，关于损害赔偿的数额，我国《民法典》第1182条已有明确规定，即："侵害他人人身权益造成财产损失的，按照被侵权人因此受到的损害或者侵权人因此获得的利益赔偿；被侵权人因此受到的损失以及侵权人因此获得的利益难以确定，被侵权人和侵权人就赔偿数额协商不一致，向人民法院提起诉讼的，由人民法院根据实际情况确定赔偿数额。”第1179条又规定：“侵害他人造成人身损害的，应当赔偿医疗费、护理费、交通费、营养费、住院伙食补助费等为治疗和康复支出的合理费用，以及因误工减少的收入。造成残疾的，还应当赔偿辅助器具费和残疾赔偿金；造成死亡的，还应当赔偿丧葬费和死亡赔偿金。”可见，侵害他人人身权益导致他人遭受人身损害的，应当赔偿医疗费、护理费、交通费、营养费、住院伙食补助费等为治疗和康复支出的合理费用，以及因误工减少的收入，具体的数额则需要根据受害人实际花费确定。

上面的案例中，周某将范某打伤入院，严重侵害了范某的人身权益，根据《民法典》的规定，周某需要承担范某的医疗费、护理费、交通费、营养费、住院伙食补助费等为治疗和康复支出的合理费用，以及因误工减少的收入等费用。如果范某因此残疾，周某还要赔偿辅助器具费和残疾赔偿金。范某的家属在对范某进行救治、照顾的过程中，应当注意保存相关花费的票据，以作为要求周某承担侵权损害赔偿责任的证据。

法条链接

《中华人民共和国民法典》第1179条、第1182条

75. 精神病人打伤人，其家属需要赔偿吗？

案情回放

老许是一个农民企业家，生意做得非常大。但是在老许的一生中，仍然有一个非常大的遗憾。老许的妻子蒋阿姨在年轻的时候为老许生了一个孩子小许，但是，小许在2岁的时候就夭折了。自此之后，蒋阿姨就神志恍惚，时常会出现小许还活着的幻觉，已然患上了精神分裂症。有一次，蒋阿姨自己走在路上，发现同村的老何正在拍打晾晒的枕头，蒋阿姨突然就发了疯，还以为老何正在打他的孩子小许，于是上去就对老何一阵拳打脚踢，导致老何的脸上、身上多处划伤、瘀血、青紫，因此花费了医药费4000元。那么请问，精神病人打伤人，其家属需要赔偿吗？

法律解析

我国《民法典》第1188条规定："无民事行为能力人、限制民事行为能力人造成他人损害的，由监护人承担侵权责任。监护人尽到监护职责的，可以减轻其侵权责任。有财产的无民事行为能力人、限制民事行为能力人造成他人损害的，从本人财产中支付赔偿费用；不足部分，由监护人赔偿。”也就是说，无民事行为能力人、限制民事行为能力人侵害他人的，应当由监护人承担侵权责任，如果监护人尽到了监护职责，才可能减轻责任。法律将监护人作为承担侵权责任的主体，是由于一般情况下，监护人更具有相应的财力，这样就能够更好地保护受害人的利益。

在上面的案例中，蒋阿姨患有精神病，是限制民事行为能力人，而老许作为蒋阿姨的监护人，应当对老何承担相应的侵权责任，对老何的医药费、营养费等相关费用进行赔偿。

法条链接

《中华人民共和国民法典》第1188条

76. 受委托监护的未成年人打伤邻居家小孩，受托人是否需要承担法律责任？

案情回放

毛毛7岁了，正在上小学一年级。最近，毛毛的爸爸妈妈要去外省医院照顾生病的家人，毛毛的课业又荒废不得，无奈之下，二人只能将毛毛有偿委托给同村的梅阿姨照看半个月。

临走时，毛毛的爸爸妈妈千叮咛万嘱咐，拜托梅阿姨一定要看好毛毛，不要让他乱跑，也不要让他去和隔壁村的调皮孩子大壮一起玩儿。安排好毛毛的生活之后，二人便出发去了外省。谁知，没过几天，他们就接到电话说毛毛将大壮打伤了，人家家长正在要赔偿哩！原来，梅阿姨带着毛毛去种菜的时候遇到了大壮，大壮嘲笑毛毛不会写字，气得毛毛推了他一下，造成大壮摔得右手脱臼。毛毛妈妈很无奈，这种情况下，只能是父母承担赔偿责任吗？受托人是否需要承担法律责任呢？

法律解析

毛毛的爸爸妈妈和梅阿姨构成委托监护关系。所谓委托监护，就是当监护人不能亲自承担监护职责时，通过委托的方式请他人代为履行监护职责的情形。对于委托监护状态下，被监护人侵害他人权益产生的责任承担问题，我国《民法典》第1189条规定："无民事行为能力人、限制民事行为能力人造成他人损害，监护人将监护职责委托给他人的，监护人应当承担侵权责任；受托人有过错的，承担相应的责任。"由此可见，在委托监护中，被监护人造成他人损害的责任仍然由其监护人承担，但是，如果受托人在履行监护职责时有过错，要根据其过错承担相应的责任。

上面的案例中，尽管毛毛的爸爸妈妈委托梅阿姨履行对毛毛的监护职责，但其作为毛毛的法定监护人，仍然要对毛毛伤害大壮的行为承担赔偿责任。当然，如果梅阿姨在此事中存在过错，如应该阻止毛毛推倒大壮而不阻止，则也需要承担相应的赔偿责任，因为她没有切实履行监护职责，导致大壮遭受了损害。

法条链接

《中华人民共和国民法典》第1189条

77. 给人干活时不小心砸伤他人，谁来承担赔偿责任？

案情回放

老周最近因为征地拿到一笔补偿款，便想好好地翻修一下自己家的旧房子，并决定自己操刀设计、买材料装修。老周本来已经叫了自己的弟弟和儿子来帮忙，但是仍然感觉人手不够，于是又叫了同村的老马来帮忙，给老马300元一天的报酬，要求老马搬运一些砖头水泥等原材料，并且有时搭把手帮一下搭建。翻修期间，由于老周想在二楼的书房加一个窗户，于是要求老马帮忙打空二楼一部分的墙壁用于安装窗户。结果，老马打下的砖头刚好砸到了路过的老苗，导致老苗重伤，住院3个月，花费了大量的医药费用。那么请问，给人干活时不小心砸伤他人，谁来承担赔偿责任？

法律解析

我国《民法典》第1192条规定："个人之间形成劳务关系，提供劳务一方因劳务造成他人损害的，由接受劳务一方承担侵权责任。接受劳务一方承担侵权责任后，可以向有故意或者重大过失的提供劳务一方追偿。提供劳务一方因劳务受到损害的，根据双方各自的过错承担相应的责任。提供劳务期间，因第三人的行为造成提供劳务一方损害的，提供劳务一方有权请求第三人承担侵权责任，也有权请求接受劳务一方给予补偿。接受劳务一方补偿后，可以向第三人追偿。"也就是说，给别人干活时不小心伤害到第三人的，应当由接受劳务一方来承担侵权责任。不过，如果提供劳务一方对该损害有故意或者重大过失的，接受劳务一方就可以在担责后再向提供劳务一方追偿。这种承担责任的顺序能够更好地保护受害人的利益，使其及时得到赔偿。

在上面的案例中，老马作为提供劳务一方，帮老周干活时对老苗造成损害，应当由老周来承担相应的侵权责任，对老苗的医药费、营养费等相关费用进行赔偿。不过，如果老马对老苗受伤存在故意或者重大过失，老周就可以在承担侵权责任后再向老马追偿。

法条链接

《中华人民共和国民法典》第1192条

78. 进行手术前，是不是必须取得患者本人同意？

案情回放

2021年5月的一个傍晚，小丽（18岁）在学校因腹痛被紧急送往医院。初步检查后，医生认为小丽患了急性胰腺炎，并具备手术指征。在准备对小丽进行手术时，护士告知医生小丽的父母在外打工，无一人前往医院，而小丽本人也已经陷入昏迷状态。情况紧急，医生联系了小丽的亲哥哥小勇前往医院，并向他详细说明了情况。取得小勇明确同意后，医生开始着手手术。术后，小丽醒来才知道自己已经被做过手术了，她很疑惑：难道医生在做手术前，不必取得患者本人同意吗？医院的做法是否违规了呢？

法律解析

手术前，医务人员应取得患者或其近亲属同意。我国《民法典》第1219条第1款规定:“医务人员在诊疗活动中应当向患者说明病情和医疗措施。需要实施手术、特殊检查、特殊治疗的,医务人员应当及时向患者具体说明医疗风险、替代医疗方案等情况,并取得其明确同意;不能或者不宜向患者说明的,应当向患者的近亲属说明,并取得其明确同意。”据此可知,对于需要实施手术、特殊检查、特殊治疗的患者,医务人员必须及时向患者说明医疗风险等内容。当然,现实生活中,并不是所有患者都可以自行作出决定。因此,法律规定,对于那些不能或不宜向患者说明的,医务人员应当向患者的近亲属说明情况并取得明确同意。可见,特殊情形下,医务人员在进行手术前,并不是一定要征得患者本人同意。

上面的案例中,医务人员在对小丽进行手术前,小丽处于昏迷状态,无法自行作出是否手术的决定。后医务人员联系了其近亲属——小丽的亲哥哥,向他详细说明了情况,取得他明确同意后再为小丽进行手术的行为是合规的。

法条链接

《中华人民共和国民法典》第1219条第1款

79. 因不满医生诊治，侵害医务人员合法权益的，应当承担什么样的法律责任？

案情回放

钱老大在给同村村民黄某盖房子时不小心从脚手架上掉下来，摔断了腿。尽管救治及时，但是钱老大的腿还是需要很长时间恢复。阴雨天的时候，他总觉得腿会隐隐作痛。为此，他去过很多次医院，医生解释钱老大现在处于康复期，患处出现疼痛是正常现象。为了帮助钱老大恢复，医生还建议钱老大做康复训练。钱老大觉得医生想讹钱，便拒绝了医生的建议。上个月，钱老大走路时不慎又摔了一跤，正好伤到原处。这样一来，钱老大的腿伤更严重了。钱老大家属认为，之所以出现这种情形，都是因为之前那个医生没有给他治好。于是纠集了一群村民去医院坐守，要求医院赔偿，还去医生的家里闹事导致医生的父母气得生病，严重影响了医生的生活和医院的正常秩序。之后，医生忍无可忍报了警，钱老大一家这才慌了。请问，因不满医生诊治，侵害医务人员合法权益的，应当承担什么样的法律责任？

法律解析

为了保护医护人员的合法权益，我国《基本医疗卫生与健康促进法》第57条规定："全社会应当关心、尊重医疗卫生人员，维护良好安全的医疗卫生服务秩序，共同构建和谐医患关系。医疗卫生人员的人身安全、人格尊严不受侵犯，其合法权益受法律保护。禁止任何组织或者个人威胁、危害医疗卫生人员人身安全，侵犯医疗卫生人员人格尊严。国家采取措施，保障医疗卫生人员执业环境。"《民法典》第1228条也规定："医疗机构及其医务人员的合法权益受法律保护。干扰医疗秩序，妨碍医务人员工作、生活，侵害医务人员合法权益的，应当依法承担法律责任。"由此可见，违反法律规定干扰医疗秩序，扰乱医务人员正常的工作和生活导致医务人员的合法权益遭受损害的，行为人应当承担法律责任。具体而言，如果侵权行为导致医务人员的人身或财产权益遭到损害的，行为人应承担侵权损害赔偿责任；如果侵权行为扰乱医疗机构秩序，导致医疗工作不能正常进行的，行为人要面临行政拘留、罚款等行政处罚，严重的，还可能会被追究刑事责任。

上面的案例中，钱老大一家的行为已经构成扰乱医疗机构秩序和侵害医生的合法权益，可能面临民事赔偿、行政拘留、罚款等法律责任。

法条链接

《中华人民共和国民法典》第1228条

《中华人民共和国基本医疗卫生与健康促进法》第57条

80. 村民在公共道路上铺撒晾晒谷物，造成他人损害的，需要承担责任吗?

案情回放

2020年秋天，顾桥村迎来了大丰收。村民秦某家收的稻谷无处晾晒，见院子外的公路少有人经过，便晒了一点在公路上。邻居见到了，也学这个办法，将自家稻谷搬到公路上晾晒。渐渐地，顾桥村好多家村民都效仿着在公路上晾晒谷物。一天，朗朗放学后自己骑自行车回家，路过顾桥村时，正好经过晾晒了稻谷的公路，车轮一打滑，朗朗便从自行车上摔下去，导致右手骨折。之后，朗朗的父母了解到，导致朗朗受伤的谷物是秦某家的，便找到秦某，要求其承担赔偿责任。秦某则认为，应当找公路主管部门承担赔偿责任。那么请问，村民在公共道路上铺撒晾晒谷物，造成他人损害的，需要承担责任吗?

法律解析

我国《民法典》第1256条明确规定："在公共道路上堆放、倾倒、遗撒妨碍通行的物品造成他人损害的，由行为人承担侵权责任。公共道路管理人不能证明已经尽到清理、防护、警示等义务的，应当承担相应的责任。"根据该规定可知，任何人或单位不得在公路上堆放、倾倒、遗撒妨害通行的物品，如果出现前述行为造成他人损害的，应当承担侵权损害赔偿责任。此外，由于公路管理人对公路有清理、防护、警示义务，故其未能切实履行该义务的，也要承担相应责任。

上面的案例中，顾桥村相应的公路管理人未能及时制止、清理、警示村民违法占用公路晾晒粮食，存在监管缺位的问题，应就朗朗遭受的损失承担相应的责任。但是，朗朗受伤的主要原因是村民秦某擅自在公路上晾晒稻谷，秦某是实施违法行为的行为人，应当对朗朗承担主要的侵权损害赔偿责任。

法条链接

《中华人民共和国民法典》第1256条

81. 树上的果实掉下来砸伤路人，由谁承担责任？

案情回放

琳琳家住在陈家村，上周末，琳琳和父母回老家看望爷爷奶奶，到家附近时，琳琳看见某村民家的椰子成熟了，正好口渴，便想上前去讨个椰子尝尝。但是，还没等琳琳走到村民家，路过椰子树时，琳琳就被一个突然掉下来的椰子砸伤了肩膀。琳琳去医院检查后，被医生诊断为轻微骨裂。随后，琳琳父母找到该户村民索要赔偿，村民则称椰子熟透了掉下来砸到人是他无法控制的，没道理给予赔偿，琳琳应该自己承担责任。双方因此产生争执。那么请问，树上的果实掉下来砸伤路人，到底由谁承担责任呢？

法律解析

我国《民法典》第1257条规定："因林木折断、倾倒或者果实坠落等造成他人损害，林木的所有人或者管理人不能证明自己没有过错的，应当承担侵权责任。"由此可见，林木折断、倾倒或果实坠落造成他人人身或财产损害的，林木的所有人或管理者是要承担侵权责任的，除非他能证明自己没有过错。

上面的案例中，琳琳被村民家椰子树上掉落的果实砸伤，作为椰树的主人，哪怕他无法预料椰子何时掉落，但也应当知晓椰子存在掉落砸伤路人的可能，因此，村民要证明自己没有过错，如已经采取了相应的措施制止他人靠近椰树等，否则，村民是需要承担侵权损害赔偿责任的。

法条链接

《中华人民共和国民法典》第1257条

82. 车主把车借给没有驾照的朋友开，发生交通事故的，该车主需要承担责任吗？

案情回放

邢某是村里的养殖户，平日与人为善，特别爱帮助人。2021年3月，朋友小王找到邢某，称想借用邢某闲置的汽车开一段时间，用于接送孩子上下学。邢某本来很愿意借给他，但是得知小王还没有领到驾照，便有些犹豫。小王再三打包票说自己在工地上开了很多年的车，驾驶技术相当不错，保证不会给邢某添麻烦之后，邢某便将车借给了小王。之后，邢某抽空去看了看小王的驾驶技术，发现的确很好，便由着他去了。5月的某天，交警突然给邢某打电话让他到警队去一趟，邢某这才得知，小王开着他的车撞了人，人家找上他承担责任呢。那么请问，车主把车借给没有驾照的朋友开，发生交通事故的，该车主需要承担责任吗?

法律解析

关于租赁、借用的机动车发生交通事故的责任承担问题，我国《民法典》第1209条有明确规定，即:“因租赁、借用等情形机动车所有人、管理人与使用人不是同一人时，发生交通事故造成损害，属于该机动车一方责任的，由机动车使用人承担赔偿责任;机动车所有人、管理人对损害的发生有过错的，承担相应的赔偿责任。”从这个规定可以知道，如果车主将机动车出租、出借后，使用人驾驶机动车发生交通事故的，由机动车使用人承担法律责任。但是，如果车主对损害的结果存在过错的话，车主也需要承担法律责任。

上面的案例中，小王驾驶邢某的车撞伤了人，责任本应该由使用人小王承担。但是，车主邢某明知小王没有驾驶资格仍然出借机动车，说明邢某对出借机动车的行为是存在过错的。因此，小王和邢某都要对受害人遭受的损害承担赔偿责任。

法条链接

《中华人民共和国民法典》第1209条

83. 借用他人抢夺来的车外出办事，撞破农房由谁赔偿？

案情回放

丰收村的大牛最近很是得意，因为他在外打工的弟弟回家了，而且还开了一辆小轿车回来呢！周二是附近几个村子赶集的日子，大牛扬扬得意地借了弟弟的车开着去赶集，一路上可威风了。但是，大牛还没高兴多久，就发生了事故：大牛一边开车一边跟路边的村民讲话，不留神冲撞到了村民李爷爷家去了，一下子就把人家的农房撞破了一个洞。大牛没钱赔，李爷爷报了警，警方一调查，发现大牛开的车竟然是外地警方登记的被抢夺的车。仔细询问才知道，原来这辆车是大牛弟弟在A市抢夺获得的。那么请问，借用他人抢夺来的车外出办事，撞破农房到底由谁赔偿？

法律解析

我国《民法典》第1215条规定："盗窃、抢劫或者抢夺的机动车发生交通事故造成损害的，由盗窃人、抢劫人或者抢夺人承担赔偿责任。盗窃人、抢劫人或者抢夺人与机动车使用人不是同一人，发生交通事故造成损害，属于该机动车一方责任的，由盗窃人、抢劫人或者抢夺人与机动车使用人承担连带责任。保险人在机动车强制保险责任限额范围内垫付抢救费用的，有权向交通事故责任人追偿。”据此可知，抢夺的机动车发生交通事故造成他人人身损害或财产损害的，由抢夺人承担赔偿责任，如果使用机动车的人和抢夺人不是同一个人，发生事故且属于机动车一方责任的，机动车的使用人与抢夺人共同承担连带赔偿责任。

上面的案例中，大牛驾驶的汽车系其弟弟抢夺而来，大牛作为实际使用人驾驶汽车撞破农房时又存在过错，农房被撞破是大牛的原因。根据前述法律规定，对于李爷爷家的损失，大牛及其弟弟应当承担连带责任。也就是说，李爷爷既可以找大牛或其弟弟任何一方承担赔偿责任，也可以找大牛和其弟弟一起承担赔偿责任。

法条链接

《中华人民共和国民法典》第 1215 条

84. 好意让同乡搭车，不慎撞树使其受伤的，需要赔偿吗？

案情回放

莲花村的小吴和小赵都在 G 市打工。2021 年春节前夕，小赵联系上小吴，称自己没有抢到回老家的车票，希望可以搭小吴的顺风车一起回家。小吴欣然同意。大年三十这天一大早，二人就从G市出发了。小吴陆陆续续开了8个小时，眼看着要到家了，却在村口为了躲避横穿公路的小狗，不小心撞到了树上。小吴和小赵都有不同程度的受伤，春节都是在医院过的。对此，小赵很郁闷，在这种情况下，他可以让小吴赔偿吗？

法律解析

我国《民法典》第1217条规定："非营运机动车发生交通事故造成无偿搭乘人损害，属于该机动车一方责任的，应当减轻其赔偿责任，但是机动车使用人有故意或者重大过失的除外。"根据该规定，非营运机动车发生交通事故导致无偿的乘车人遭受损害的，如果属于该机动车一方的责任，并且机动车的使用人不存在故意或重大过失的，机动车的使用人应当承担赔偿责任，但是应当减轻。

所谓非营运机动车，就是指不以营利为目的的机动车。案例中，小吴驾驶的汽车就是非营运机动车。从法律层面看，小吴搭载小赵回家的行为是好意的，在回家途中，他为了避开路途中的障碍物不慎撞树，虽然这个行为导致小吴和小赵都有不同程度的伤害，但是小吴并不存在故意或者重大过失，所以应当减轻小吴的赔偿责任。换言之，小赵还是可以让小吴赔偿的，但是应当适当减轻小吴的责任。

法条链接

《中华人民共和国民法典》第 1217 条

85. 自家的危墙被大风刮倒而砸伤邻居的，需要赔偿吗？

案情回放

老王和老孙是邻居，两人都有一个比较大的宅子，外带一个小院子。老王家与老孙家接壤的那面院墙（归属于老王家），2 个月前就开始有砖头脱落了，但是老王近来一直忙于干活，没有时间去整修。有一天，老孙正在自家的院子里种菜的时候，老王家的墙被突然刮来的一阵大风吹倒，正好砸到了老孙，导致老孙的右肩膀粉碎性骨折。老孙因此花费了医药费、营养费等共 3 万余元。老孙便要求老王赔偿这笔费用。那么请问，自家的危墙被大风刮倒而砸伤邻居的，需要赔偿吗？

法律解析

我国《民法典》第 1252 条规定："建筑物、构筑物或者其他设施倒塌、塌陷造成他人损害的，由建设单位与施工单位承担连带责任，但是建设单位与施工单位能够证明不存在质量缺陷的除外。建设单位、施工单位赔偿后，有其他责任人的，有权向其他责任人追偿。因所有人、管理人、使用人或者第三人的原因，建筑物、构筑物或者其他设施倒塌、塌陷造成他人损害的，由所有人、管理人、使用人或者第三人承担侵权责任。”也就是说，如果是因为所有人的原因导致建筑物倒塌，造成他人损害的，由所有人承担侵权责任。这也符合民法中责任自负的原则，即自己应当为自身原因所导致的损害承担责任。

在上面的案例中，老王家的院墙已经年久失修，2个月前就已经开始有砖头脱落了，但是老王却一直没有去维修，导致院墙被大风吹倒砸伤老孙，老孙因此花了大量费用。因此，老王作为危墙的所有人，疏于对院墙进行维修，应当对老孙承担相应的侵权责任，赔偿老孙的医药费、营养费等相关费用。

法条链接

《中华人民共和国民法典》第1252条

第八章

买卖、赠与、租赁与借贷

86. 母羊卖出后生下的小羊应当归谁？

案情回放

村民老潘家里有一个羊场，做养殖羊的生意。一天，老潘的朋友小韩找到他，称自己准备明年也做养殖生意，想先从老潘这里买几只羊，再学习一下养殖技术。小韩养了3个月之后，其中一只母羊生下了一只小羊。老潘听说这个消息后，认为这只小羊是在母羊卖出去之前就已经怀在肚子里的，应该归自己所有，于是便想找小韩要回这只小羊。但小韩认为这只母羊已经卖给自己了，生下的小羊应该是自己的。两人争执不下。那么请问，母羊卖出后生下的小羊应当归谁？

法律解析

母羊生下的小羊在民法上被称为孳息。我国《民法典》第630条已经对孳息的归属问题作出了明确规定："标的物在交付之前产生的孳息，归出卖人所有；交付之后产生的孳息，归买受人所有。但是，当事人另有约定的除外。"也就是说，民法对孳息的归属问题，在时间节点上已经划分得非常清楚了，主要就是看标的物的孳息是在交付之前产生的还是在标的物交付之后产生的，以此为限分别归属于卖方和买方，这样就能够更好地分配买卖双方之间的利益，避免因孳息归属产生纠纷。

在上面的案例中，虽然母羊在被老潘出卖之前就已经怀孕了，但小羊是在买卖之后出生，根据上述法律规定，小羊应当归小韩所有，老潘无权要回。

法条链接

《中华人民共和国民法典》第630条

87. 在送货单上签字可以视为已经验货吗？

案情回放

村民小李家里有一个橘子园。橘子成熟时，村民小王向小李订购了10箱橘子，每箱30个。在小李将10箱橘子送到小王指定的交货地点后，小王并没有将箱子打开验货，而是直接在小李给的送货确认单上签了字，确认自己收到了10箱橘子。然而，当天下午小王将纸箱打开后，却发现橘子少了30个，少了整整一箱的橘子数量。小王便立马联系小李，要求小李赶紧补发一箱橘子。小李却称小王当时已经亲自在送货确认单上签了字，应当视为已经确认收货，自己已经交付了足够数量的橘子。

那么请问，直接在送货单上签字，可以视为已经验货吗？

法律解析

对于是否验货的判断标准，我国法律有比较明确的规定。根据《民法典》第623条的规定："当事人对检验期限未作约定，买受人签收的送货单、确认单等载明标的物数量、型号、规格的，推定买受人已经对数量和外观瑕疵进行检验，但是有相关证据足以推翻的除外。"也就是说，在没有其他更加强有力的证据的情况下，送货单、确认单上的签字就可以视为已经验货。因此，买方在收货时一定要仔细验货，否则货物如在数量和外观瑕疵上存在问题的，将由买方自己承担损失。

在上面的案例中，小王虽然没有实际打开箱子验货，但是已经在送货确认单上签了字，确认自己收到了相应数量的橘子，那么就应当视为小王已经完成了验货。除非有其他相反的证据可以推翻小王已经验货这一说法，否则应当视为小王已经验货，小李并不需要再向小王补发橘子。

法条链接

《中华人民共和国民法典》第623条

88. 店家声称货物不退不换的告示是否有效?

案情回放

小云在镇上的商贸市场里面开了一家服装店，店内收银台旁摆放了一张告示，上面写着：本店衣物一经售出，概不退换。一天，村民小颜在小云的店里买了3件衣服，打包好带回去后，小颜却发现有一件衣服上面有一块脏脏的油印，似乎很难洗掉。于是小颜便找到小云想要退货。但是小云说，自己店里的规定是“衣物一经售出，概不退换”，从而拒绝了小颜的要求。小颜心里愤懑却不知道该怎么办。那么请问，小云的说法是否正确？店家声称货物不退换的告示是否有效？

法律解析

我国《民法典》第497条规定：“有下列情形之一的，该格式条款无效：（一）具有本法第一编第六章第三节和本法第五百零六条规定的无效情形；（二）提供格式条款一方不合理地免除或者减轻其责任、加重对方责任、限制对方主要权利；（三）提供格式条款一方排除对方主要权利。”也就是说，对于格式条款，卖方并不能随意设置对自己有利的条款，而是会受到一定的限制，从而保障买方必要的权利。至少，卖方不得违反法律明确规定的上述三种情形。

在上面的案例中，小云店里的告示是小云作为卖方，单方向不特定的买方群体提供的合同条款，应当视为格式条款。而小云告示中所称“衣物一经售出，概不退换”的条款，不合理地排除了买方的主要权利、免除了自己的责任，因此该条款无效。对于自己货物的质量问题，小云应当对其进行退换，小颜的主张是合法有据的。

法条链接

《中华人民共和国民法典》第 497 条

89. 没有预先说明试用费的，卖方可以要求买方支付吗？

案情回放

村民小柳在镇上开了一家店，专门卖减肥仪。一天，小俞来到小柳的店里，想购买一台减肥仪，但又怕对自己没有效果，于是，小俞和小柳商量，让她先试用 1 个月，再决定是否购买这台减肥仪，小柳为了促成交易，爽快地答应了。小俞回去用了 1 个月之后，发现该减肥仪对她并没有什么作用，便不想购买这台减肥仪了，把减肥仪还给了小柳。小柳却说，即使小俞不买减肥仪，她也应当支付在这段时间内使用减肥仪的试用费用。那么请问，没有预先说明试用费的，卖方可以要求买方支付吗？

法律解析

案例中，小柳和小俞之间的买卖合同关系实际上属于试用买卖合同。对于试用买卖合同，我国民法有相应的一些规定。根据《民法典》第639条的明确规定："试用买卖的当事人对标的物使用费没有约定或者约定不明确的，出卖人无权请求买受人支付。"也就是说，只有在有明确约定的情况下，卖方才有权要求买方支付试用费用。因此，卖方如果不想让买方免费试用的话，需要和买方事先进行明确的约定，约定好支付试用费用的具体标准。如果双方提前没有约定，即使买方最终放弃购买该商品，卖方也无权要求其支付试用费用。

在上面的案例中，由于小柳和小俞并没有明确约定在试用期内小俞需要为使用减肥仪支付试用费用，因此，在小俞拒绝购买减肥仪后，小柳无权要求小俞支付试用费用。如果小柳以后想要收取试用费用，需要事先和买方约定清楚。

法条链接

《中华人民共和国民法典》第639条

90. 赠与他人的物品还可以要回吗？

案情回放

村民陈大妈平时特别乐于助人，和邻居们都相处得非常好。去年，陈大妈的好朋友杨大爷的女儿小杨结婚了。为了祝贺小杨找到自己的如意郎君，步入人生新的阶段，陈大妈就送给了小杨一对镯子，非常贵重。今年，陈大妈自己的儿子小陈也准备结婚了。陈大妈本来给儿媳妇准备了一把非常贵重的金锁，但是找不到了。陈大妈思前想后，觉得还是之前已经送给小杨的那对镯子更有纪念意义，于是，想要用其他的东西来和小杨换回镯子。然而，小杨本身也非常喜欢镯子，认为镯子给自己带来了好运，无论陈大妈怎么劝说，都不愿归还。那么请问，赠与他人的物品还可以要回吗？

法律解析

我国《民法典》第658条规定："赠与人在赠与财产的权利转移之前可以撤销赠与。经过公证的赠与合同或者依法不得撤销的具有救灾、扶贫、助残等公益、道德义务性质的赠与合同，不适用前款规定。"因此，对于一般的赠与合同，在"赠与财产的权利转移之前”赠与人可以随时撤销赠与。此处的权利转移一般包括：物品的交付、房屋等不动产产权的办理等。也就是说，没有经过公证的赠与合同，以及不具有公益、道德义务性质的赠与合同在没有发生赠与物权利转移前，赠与人是可以撤销赠与的。

但是，如果赠与物权利发生转移，是不是就不能撤销了呢？对此，民法典还规定了可以撤销赠与的几种特殊情形。《民法典》第663条规定：“受赠人有下列情形之一的，赠与人可以撤销赠与：（一）严重侵害赠与人或者赠与人近亲属的合法权益；（二）对赠与人有扶养义务而不履行；（三）不履行赠与合同约定的义务。赠与人的撤销权，自知道或者应当知道撤销事由之日起一年内行使。”第664条规定：“因受赠人的违法行为致使赠与人死亡或者丧失民事行为能力的，赠与人的继承人或者法定代理人可以撤销赠与。赠与人的继承人或者法定代理人的撤销权，自知道或者应当知道撤销事由之日起六个月内行使。”第666条规定：“赠与人的经济状况显著恶化，严重影响其生产经营或者家庭生活的，可以不再履行赠与义务。”总的来说，就是在受赠人威胁到赠与人的利益或者赠与人的经济状况难以履行赠与义务时，赠与人就可以撤销赠与。

在上面的案例中，小杨并没有对赠与人陈大妈做出任何不利的事情，小杨和陈大妈之间的赠与合同合法成立，已经生效，陈大妈早已将镯子交付给小杨，现在镯子的所有权已经归属于小杨，在没有出现《民法典》第663条、第664条、第666条规定的情形时，陈大妈不能撤销赠与要回镯子。

法条链接

《中华人民共和国民法典》第658条、第663条、第664条、第666条

91. 没有书面租赁合同，就是不定期租赁吗？

案情回放

村民小朱一家因房屋不够住，便租住了同村小任家的房子。小朱和小任在微信上聊得很好，协商说先租2年，后面是否续约再谈，但两人并没有签订书面的租赁合同。在小朱租住小任的房子一年之后，小任找到了新的租客，比小朱给的租金要多出一些。于是小任想要直接和小朱解除合同，再与新的租客签订租赁合同。小朱很生气，认为他们签订了2年的合同，小任不能就这样随意解除，而小任认为两人之间没有书面合同，为不定期租赁，可以随时解除合同。那么请问，没有书面租赁合同，就是不定期租赁吗？

法律解析

我国《民法典》第707条规定："租赁期限六个月以上的，应当采用书面形式。当事人未采用书面形式，无法确定租赁期限的，视为不定期租赁。"因此，对于租期6个月以上的房屋租赁，没有采用书面租赁合同形式，并不必然是不定期租赁，只有未采用书面形式，同时也无法确定租赁期限的，才会被视为不定期租赁。此外，《民法典》第730条规定："当事人对租赁期限没有约定或者约定不明确，依据本法第五百一十条[①]的规定仍不能确定的，视为不定期租赁；当事人可以随时解除合同，但是应当在合理期限之前通知对方。"由此可见，租赁合同是否能界定为不定期租赁合同，是有严格界限的，只有在租赁期限无论如何都不能确定时，才视为不定期租赁。对于不定期租赁合同，双方可以随时解除，但是要留给对方一定的准备时间。

在上面的案例中，虽然小朱和小任并没有签订书面的房屋租赁合同，但是小朱和小任的微信聊天记录完全可以证明两人之间约定的租赁期限就是2年，属于可以确定租赁期限的情形，不应当视为不定期租赁。所以，小任并不能随时解除合同。

---

① 《民法典》第510条规定："合同生效后，当事人就质量、价款或者报酬、履行地点等内容没有约定或者约定不明确的，可以协议补充；不能达成补充协议的，按照合同相关条款或者交易习惯确定。"

法条链接

《中华人民共和国民法典》第707条、第730条

92. 承租人擅自抵押租赁物，出租人能否以此为由解除融资租赁合同？

案情回放

村民大陶想通过融资租赁的方式，租赁3台专门做面点的机器，在村内开一家面点门市。大陶找到了一家融资租赁公司A公司，签订了融资租赁合同，获得了3台面点机器的使用权。但在经营半年后，大陶发现面点生意并不好做，于是就擅自将这3台机器抵押给了别人用以借款，并用借款支付自己的租赁费用，另做其他生意。不久，A公司发现了大陶擅自抵押机器的事实，想要以此为由解除融资租赁合同。那么请问，A公司的做法是否正确？承租人擅自抵押租赁物，出租人能否以此为由解除融资租赁合同？

法律解析

对于融资租赁合同中出租人享有解除权的情形，我国法律

有明确的规定。根据《民法典》第753条之规定："承租人未经出租人同意，将租赁物转让、抵押、质押、投资入股或者以其他方式处分的，出租人可以解除融资租赁合同。"也就是说，在融资租赁合同中，法律禁止承租人擅自对租赁物进行转让、抵押、质押等处分。这样能够更好地保障出租人的权利，以免租赁物被随意处分，侵害到出租人的所有权。

在上面的案例中，大陶虽然拥有面点机器的使用权，但无权把面点机器用于抵押。大陶未经A公司允许，擅自把面点机器用作抵押，随意处分租赁物，根据法律规定，A公司因此享有融资租赁合同的解除权，有权要求解除融资租赁合同。

法条链接

《中华人民共和国民法典》第753条

93. 承租人在租期内死亡，与其生前共同居住的人还可以继续租住吗？

案情回放

村民大强（男）和小苏（女）是夫妻。一年前，大强以自己的名义租住了马先生在小镇里的一栋房屋，与小苏同住，租期5年。今年初，大强不幸遭遇车祸去世。马先生听说这个消息后，认为大强已经死亡，两人之间的房屋租赁合同就应当结束，想把房屋租给其他人。小苏听说马先生在寻找租客的消息后，找到马先生，称租期还没有到，自己还想要继续租住原房屋。但马先生这时已经找到了出价更高的租户。小苏的朋友小静听说了这个消息，告诉小苏，小苏作为大强生前共同居住人，可以按照原合同继续居住。那么请问，小静的说法是否正确？承租人在租期内死亡，与其生前共同居住的人可以继续租住原房屋吗？

法律解析

我国《民法典》第732条明确规定："承租人在房屋租赁期限内死亡的，与其生前共同居住的人或者共同经营人可以按照原租赁合同租赁该房屋。"除此之外，我国《商品房屋租赁管理办法》第12条第2款也规定："承租人在房屋租赁期间死亡的，与其生前共同居住的人可以按照原租赁合同租赁该房屋。"所以，我国法律确认死亡承租人的生前共同居住人具有租赁原房屋的权利，这一规定很好地保护了死者的生前共同居住人的利益。

在上面的案例中，虽然大强作为签订合同的主体已经死亡，但是小苏作为大强生前共同居住人，仍然能够按照原房屋租赁合同继续租赁房屋，马先生并无权擅自把该房屋租赁给其他人。

法条链接

《中华人民共和国民法典》第 732 条

《商品房屋租赁管理办法》第 12 条第 2 款

94. 个人可以自由约定借款利息吗？

案情回放

村民小何在亲戚的介绍下认识了小朱，两人在经历半年的交往之后准备结婚。然而，小何家境不好，父母帮不上多少忙，自己虽然常年外出打工，但还是没攒下多少钱，根本不够娶媳妇的。于是他想找自己的朋友小韩借 20 万元，两人协商之后，签订了借款合同，约定年利率为 10%。小何的父亲在听说小何借了年利率 10% 的借款后，认为小何借款的利率有点高了，对小何与小韩之间借款合同的合法性产生了质疑。那么请问，对于借款的利息，个人之间是否可以自由约定呢？

法律解析

我国法律对于民间借贷的利率范围有明确的规定。《民法典》

第 680 条第 1 款规定："禁止高利放贷，借款的利率不得违反国家有关规定。"同时，《最高人民法院关于审理民间借贷案件适用法律若干问题的规定》第 25 条规定："出借人请求借款人按照合同约定利率支付利息的，人民法院应予支持，但是双方约定的利率超过合同成立时一年期贷款市场报价利率四倍的除外。前款所称'一年期贷款市场报价利率'，是指中国人民银行授权全国银行间同业拆借中心自 2019 年 8 月 20 日起每月发布的一年期贷款市场报价利率。"也就是说，当事人在很大程度上能够自由约定借款利率，但是不允许高利放贷，约定的利率应当在一年期贷款市场报价利率 4 倍之内，超出的部分是不合法的。

在上面的案例中，小何和小韩约定的借款利率为 10%，而近 3 年的一年期贷款市场报价利率基本上都在 3%—5%，10% 达不到一年期贷款市场报价利率的 4 倍。因此，小何和小韩约定的借款利率合法，小何应当按照该利率支付借款利息。值得注意的是，一年期贷款市场报价利率每年的标准可能不同，需要当事人在签订借款合同时自行查询。

法条链接

《中华人民共和国民法典》第 680 条第 1 款

《最高人民法院关于审理民间借贷案件适用法律若干问题的规定》第 25 条

95. 个人借款未约定利息的，还款时是否应计算利息？

案情回放

村民阿钱承包村头的池塘做养殖生意，但是手头的钱有点不够，于是找大雷借了 10 万元钱，作为自己的创业基金。阿钱和大雷是多年的朋友，两人在借款之时并未签订借款合同，而且也未约定利息。3 年后，阿钱的养殖生意渐渐有了起色。而大雷由于儿子要结婚买房，正是需要用钱的时候，便要求阿钱偿还自己的借款，并且支付一定的利息。阿钱认为，借款时两人并没有约定利息，就不应当计算利息。那么请问，谁的说法正确呢？自然人间的借款如果没有约定利息，还款时是否应当计算利息呢？

法律解析

我国《民法典》第 680 条第 2 款和第 3 款对自然人之间的借款利息有明确规定：“借款合同对支付利息没有约定的，视为没有利息。借款合同对支付利息约定不明确，当事人不能达成补充协议的，按照当地或者当事人的交易方式、交易习惯、市场利率等因素确定利息；自然人之间借款的，视为没有利息。”

也就是说，自然人之间的借款，如果没有约定利息，还款时不应当计算利息。

在上面的案例中，既然阿钱和大雷两人在借款时没有约定利息，那么阿钱在还款时就不需要计算利息，阿钱仅需要把借款本金 10 万元偿还给大雷即可。

法条链接

《中华人民共和国民法典》第 680 条第 2 款、第 3 款

96. 把钱错还给了其他出借人，该出借人是否应当返还？

案情回放

村民小唐家里有一个橘子园，生意做得不错。后来，小唐起了心思，又承包了一片苹果园，同时卖橘子和苹果。在筹措前期资金的时候，小唐分别向朋友小袁和表哥小安借了 10 万元钱，约定 3 年后偿还。2 年后，小袁告诉小唐，自己也想做点水果生意，问小唐能不能尽早把钱还给自己。小唐思虑之后，觉得先还小袁一部分也可以，于是便准备通过手机银行转账给小袁 5 万元钱。但阴差阳错之下，小唐把这 5 万元钱转给了自己的表哥小安。彼时，小安刚好急需用钱，

便直接用了。小唐发现后，要小安先把钱还给自己，但小安拒绝了。那么请问，把钱错还给了其他出借人，该出借人是否应当返还呢？

法律解析

我国《民法典》第985条规定："得利人没有法律根据取得不当利益的，受损失的人可以请求得利人返还取得的利益，但是有下列情形之一的除外：（一）为履行道德义务进行的给付；（二）债务到期之前的清偿；（三）明知无给付义务而进行的债务清偿。"可见，"债务到期之前的清偿"属于不当得利的例外情形，并不属于不当得利的范畴。也就是说，即使债务没有到期，债务人错把钱给还了，债权人拿到钱后，也不属于不当得利。

在上面的案例中，小唐本来就欠小安10万元，后打错钱给小安，对于小安来讲，不构成不当得利，小唐无权要求其返还。

法条链接

《中华人民共和国民法典》第985条

97. 凭借微信记录是否可以证明借了款？

案情回放

半年前，村民阿丽认识了前来旅游的小刘。阿丽和小刘一见如故，并互加微信以便日后联系。在小刘旅游完回家后，两人还时常保持着联系。上个月，小刘看上了一件过季打折的冬装，但是手头却比较紧，便想找阿丽先借3000元，等自己下个月发了工资之后再还给阿丽。两人在微信上说起这件事后，阿丽欣然地将3000元钱通过微信转给了小刘。1个月后，阿丽找到小刘要求还钱，但小刘却称，并没有借过阿丽的钱，两人也并没有签订借款合同。阿丽不知所措，这时朋友小叶告诉阿丽，微信聊天记录和转账记录都可以用于证明借款。那么请问，微信记录是否可以证明借款呢？

法律解析

我国《民事诉讼法》第66条规定："证据包括：（一）当事人的陈述；（二）书证；（三）物证；（四）视听资料；（五）电子数据；（六）证人证言；（七）鉴定意见；（八）勘验笔录。证据必须查证属实，才能作为认定事实的根据。"也就是说，电子数据也是证据。同时，我国《最高人民法院关于民事诉讼证据的若干规定》第14条规定："电子数据包括下列信息、电子文件：(一)网页、博客、微博客等网络平台发布的信息；(二)手机短信、电子邮件、即时通信、通讯群组等网络应用服务的通信信息；(三)用户注册信息、身份认证信息、电子交易记录、通信记录、登录日志等信息；(四)文档、图片、音频、视频、数字证书、计算机程序等电子文件；(五)其他以数字化形式存储、处理、传输的能够证明案件事实的信息。"可见，电子数据有很多的种类。微信的聊天记录和转账记录也是一种电子数据，能够用于证明案件事实。微信记录和转账记录，可以用于证明借款的存在。

在上面的案例中，虽然阿丽和小刘之间并没有签订借款合同，小刘也声称自己并没有借过阿丽的钱，但两人之间的微信聊天记录和转账记录可以很明确地证明：小刘为了要买自己心仪的冬装而找阿丽借了钱，并且阿丽在这样的一个聊天背景下，向小刘进行了转账。小刘没有办法赖账。

法条链接

《中华人民共和国民事诉讼法》第66条

《最高人民法院关于民事诉讼证据的若干规定》第14条

98. 明知他人借钱赌博仍然出借的，借款合同有效吗？

案情回放

大华整日游手好闲，是村里出名的小混混。不过，大华却也有好几个“义气”朋友。上个月，大华在镇上的地下赌场进行赌博，输了3000元，觉得不甘心。于是，大华便向自己的哥们儿大强借了5000元钱，并对大强说，看我去赢个千八百万的，回来我们一起分。赌博终究不是正道，不出意料，大华又将借来的5000元全部输了进去。大强的老婆小芳得知大强借5000元给大华赌博，狠狠地批评了大强一顿，说借钱给人赌博是不受法律保护的，到时候钱可能会要不回来。那么请问，小芳的说法是否正确？

法律解析

根据《最高人民法院关于审理民间借贷案件适用法律若干问题的规定》第13条规定：“具有下列情形之一的，人民法院应当认定民间借贷合同无效：（一）套取金融机构贷款转贷的；（二）以向其他营利法人借贷、向本单位职工集资，或者以向公众非法吸收存款等方式取得的资金转贷的；（三）未依法取得放贷资格的出借人，以营利为目的向社会不特定对象提供借款的；（四）出借人事先知道或者应当知道借款人借款用于违法犯罪活动仍然提供借款的；（五）违反法律、行政法规强制性规定的；（六）违背公序良俗的。”也就是说，我国法律已经很明确地规定了，如果出借人在借钱之前就已经知道借款人会将借款用于违法犯罪活动的，那么这个借款合同将会被认定为无效，不受法律保护。

在上面的案例中，虽然大强确实借给大华5000元钱，但是，由于大强明知大华会将该笔借款用于赌博这一违法活动，而仍然出借，因此依据法律规定，两人之间的借款合同无效，不会受到法律的保护。小芳的说法是正确的。

法条链接

《最高人民法院关于审理民间借贷案件适用法律若干问题的规定》第13条

99. 还款期限未到，借款人死亡，该由谁还款？

案情回放

4年前，鳏夫老曹为了筹办儿子小曹的婚礼，向自己的朋友老姜借了10万元，两人签订了借款合同，约定5年后连本带利还给老姜11万元。近年来，老曹的身体一直不好，去年，老曹查出了肝癌，自此之后，一直缠绵病榻，进了ICU好几次，最终不幸去世。老曹去世之后，他的全部遗产由儿子小曹继承。老姜听说了老曹去世的消息，心里非常悲伤，但是想到自己借给了老曹10万元钱，借款期限还没有到，老曹却已经死亡，自己到底应该去找谁还款呢？那么请问，还款期限未到，借款人死亡，该由谁还款？

法律解析

我国《民法典》第1161条规定："继承人以所得遗产实际价值为限清偿被继承人依法应当缴纳的税款和债务。超过遗产实际价值部分，继承人自愿偿还的不在此限。继承人放弃继承的，对被继承人依法应当缴纳的税款和债务可以不负清偿责任。"也就是说，如果继承人继承了被继承人的遗产，那么同时就需要偿还被继承人的债务，但债务的清偿，以继承人实际继承的遗产价值为限，超出的部分可以不负责偿还。

在上面的案例中，虽然还款期限未到，借款人老曹已经死亡，但是老曹的全部遗产已由其儿子小曹继承。因此，小曹也会负有偿还老曹全部债务的义务，并以老曹的遗产价值为限对老曹的所有债务承担偿还责任。所以，老姜不必担心找不到人还款，只要按照原借款合同的约定要求老曹的儿子小曹还款即可。

法条链接

《中华人民共和国民法典》第1161条

100. 家庭经营的个体工商户，如何承担债务？

案情回放

蒲某（男）和郑某（女）是夫妻，用家庭共有财产投资经营一家餐厅，收益也由夫妻二人共享。前几年由于经营理念不合，夫妻二人产生了一些摩擦和矛盾，导致餐厅的收入急剧下滑，还欠下了不少的外债。后来，郑某决定出去找一份工作，不再参与餐厅的经营。虽然餐厅由蒲某一人经营，但餐厅的收入供全家人生活所用。2021年5月，债权人杨某找上门来，要求还债。蒲某告诉杨某餐厅生意冷清，没有多余的钱还债，希望杨某能宽限一段时间。杨某担心收不回欠款，于是来到了郑某的工作单位，要求郑某还清欠款。郑某认为，债务是因为丈夫蒲某经营餐厅不善造成的，自己不再参与餐厅的经营，债务与自己无关，杨某只能找丈夫蒲某偿还欠款。那么请问，家庭经营的个体工商户，如何承担债务？

法律解析

我国《民法典》第56条第1款规定："个体工商户的债务，个人经营的，以个人财产承担；家庭经营的，以家庭财产承担；无法区分的，以家庭财产承担。"也就是说，以个人名义申请登记的个体工商户，个人经营、收益也归个人的，由个人对债务承担责任；以家庭共同财产投资，或者收益的主要部分供家庭成员消费的，其债务由家庭共有财产清偿。当然，在夫妻关系存续期间，一方从事个体工商户经营，其收入作为夫妻共有财产的，其债务亦由夫妻共同财产清偿。

在上面的案例中，餐厅由家庭共有财产出资，餐厅的收入也用于家庭的日常开支，在这种情况下，餐厅产生的债务应由家庭共有财产承担债务。因此，郑某也有义务偿还债务。

法条链接

《中华人民共和国民法典》第56条第1款

101. 农村承包经营户的债务，如何承担？

案情回放

卿某与燕某是夫妻，育有一子卿某甲。卿某甲高中毕业后便不再继续上学，在家与父母一起务农。2015 年 1 月，卿某一家承包了自留山，S 县人民政府给卿某等农村承包经营户发放了林权使用证书。卿某见邻居佘某种植红心猕猴桃取得了可观的收入，便向佘某取经。佘某告诉卿某红心猕猴桃是近年来培育的新品种，果实比一般的猕猴桃大，口感也更好，受到了广大消费者的欢迎，种植红心猕猴桃，不愁销路。卿某在征求了妻子和儿子卿某甲的意见之后，便开始种植红心猕猴桃。卿某一家依靠种植红心猕猴桃取得了不错的收入。3 年后，卿某甲厌倦了种植猕猴桃的生活，去了大城市闯荡，不再参与猕猴桃的种植，也不再参与猕猴桃种植之后的收益分配。2021 年 2 月，罕见的持续低温天气造成红心猕猴桃大量减产。卿某一家也因此欠下了外债。那么请问，本案中卿某一家的债务，如何承担？

法律解析

我国《民法典》第 55 条明确规定："农村集体经济组织的成

员，依法取得农村土地承包经营权，从事家庭承包经营的，为农村承包经营户。”农村承包经营户的“户”，可以是一个人经营，也可以是家庭经营，但须以户的名义进行经营活动。在农村，有的农户为了扩大农业生产规模，就会选择承包农村集体土地。如果农户经营不善，或者遭遇极端天气，造成农作物减产，就将面临债务清偿的问题。我国《民法典》第56条第2款明确规定：“农村承包经营户的债务，以从事农村土地承包经营的农户财产承担；事实上由农户部分成员经营的，以该部分成员的财产承担。”随着我国城镇化的发展，越来越多的农村劳动力流向城市，不再参与家庭承包经营，也不再参与家庭承包经营所得利益的分配，在这种情况下，可以不再承担原所在家庭承包经营的债务。

在上面的案例中，卿某甲不再参与家庭承包经营，也不分享家庭承包的收益，事实上承包地由卿某与燕某经营，因此，债务应该由卿某与燕某的财产承担。

法条链接

《中华人民共和国民法典》第55条、第56条第2款

第九章

担保与保证

102. 承包的用于养殖的海域海滩，可以抵押吗？

案情回放

赵某是某村村民，因其所在的村子濒临海边，所以，赵某同村的很多村民都从事海域养殖工作。赵某也在村子附近承包了一片海滩，从事养殖工作。后来，由于各种因素的影响，养殖场的收益逐年变差。为了维持养殖场的正常运营，赵某不得不向银行贷款。但是，银行要求赵某提供抵押。因此，赵某便准备将自己承包的这片海滩的使用权抵押给银行。可是，赵某的妻子认为，海滩的使用权不能作为财产抵押。那么请问，承包的用于养殖的海域海滩的使用权是否可以进行抵押？

法律解析

海域的使用权是允许抵押的。在我国，海域是国家领土的重要组成部分，属于国家所有，任何集体和个人都不能享有海域所有权，但国家为了发挥海域的使用价值，提高利用效率，允许集体和个人享有海域的使用权。因此，在依照法定程序办理手续后，自然人可以对海域进行开发并取得收益。对此，《民法典》第395条第1款规定："债务人或者第三人有权处分的下列财产可以抵押：（一）建筑物和其他土地附着物；（二）建设用地使用权；（三）海域使用权；（四）生产设备、原材料、半成品、产品；（五）正在建造的建筑物、船舶、航空器；（六）交通运输工具；（七）法律、行政法规未禁止抵押的其他财产。"由此可见，海域使用权是可以进行抵押的。

在上面的案例中，赵某承包了一片海滩用于从事养殖工作，只要其办理了合法的承包手续，取得了对海滩的使用权，那么，赵某便可以将其对海滩的使用权抵押给银行进行借款。因此，赵某妻子的说法是错误的。

法条链接

《中华人民共和国民法典》第395条第1款

103. 农作物可以作为抵押物吗？

案情回放

杜某是某村村民，一直以种地为生。2021年6月，杜某准备经营一个养殖场，需要投入大量资金。为此，杜某准备向当地的农村信用社贷款。杜某在咨询信用社后，信用社称可以贷款给杜某，但他必须提供担保。可是，杜某想到自己也没有什么值钱的东西可以拿去抵押，非常沮丧，认为自己贷款的事情很可能会打水漂。此时，杜某的朋友告诉他，他可以将自己土地上的农作物作为抵押物抵押给信用社进行贷款。在听到朋友的建议后，杜某觉得自己从来没有听说过用农作物作抵押的，不知道信用社是否会同意。那么请问，农作物是否可以作为抵押物？

法律解析

农民种植的农作物是否可以作为标的进行抵押呢？对此，我国《民法典》第395条第1款规定："债务人或者第三人有权处分的下列财产可以抵押：（一）建筑物和其他土地附着物；……"这里的土地附着物，是指在土地上建造的建筑物、构筑物以及地上定着物的总称。其中建筑物，如平房、楼房及附属房屋等；构筑物，如水塔、水井、桥梁等；地上定着物，包括花草树木、铺设的电缆等。农作物即地上定着物的一种，可以用于抵押。此外，《民法典》第402条规定："以本法第三百九十五条第一款第一项至第三项规定的财产或者第五项规定的正在建造的建筑物抵押的，应当办理抵押登记。抵押权自登记时设立。"由此可知，将土地附着物进行抵押，应当办理抵押登记。

在上面的案例中，杜某土地上的农作物属于土地定着物，故他是可以将农作物进行抵押的，但是，必须办理抵押登记。

法条链接

《中华人民共和国民法典》第395条第1款、第402条

104. 若将乡镇企业的厂房进行抵押，必须符合哪些法律规定？

案情回放

付某在大学毕业后回到农村，带领村民投资建设了一家专门生产农产品的乡镇企业。2021年5月，付某准备扩大企业的经营范围，但是资金不够。于是，付某想向当地的银行申请贷款。经过咨询后，付某得知，如果要向银行申请贷款，必须提供抵押物。为此，付某准备将企业的厂房进行抵押。可是，在办理贷款时，银行告诉付某，乡镇企业的厂房作为抵押物，必须要连同厂房的建设用地使用权一起抵押。对此，付某感到非常疑惑。那么请问，银行的说法符合法律规定吗？

法律解析

所谓乡镇企业，根据《乡镇企业法》第2条第1款、第2

款之规定："本法所称乡镇企业，是指农村集体经济组织或者农民投资为主，在乡镇（包括所辖村）举办的承担支援农业义务的各类企业。前款所称投资为主，是指农村集体经济组织或者农民投资超过百分之五十，或者虽不足百分之五十，但能起到控股或者实际支配作用。"

在实际生活中，将厂房等不动产进行抵押，必须办理抵押登记。但以乡镇企业的厂房进行抵押，法律有特殊规定。根据《民法典》第398条的规定："乡镇、村企业的建设用地使用权不得单独抵押。以乡镇、村企业的厂房等建筑物抵押的，其占用范围内的建设用地使用权一并抵押。"由此可知，以乡镇、村企业的厂房进行抵押的，必须将厂房范围内的建设用地使用权一并抵押。

在上面的案例中，付某经营的是乡镇企业，其如果要抵押厂房，就必须连同厂房占用范围内的建设用地使用权一并进行抵押。因此，银行的说法是符合法律规定的。

法条链接

《中华人民共和国民法典》第398条

《中华人民共和国乡镇企业法》第2条第1款、第2款

105. 以应收账款出质的，质权在什么时候开始设立？

案情回放

徐某与妻子在小镇上开了一家饭店，饭店生意非常好。后来，徐某的儿子准备开一家公司，需要投入资金，于是，徐某和妻子将所有的存款都拿出来给儿子，但仍然不够。为此，徐某便通过朋友的介绍向他人贷款5万元。然而，对方要求徐某提供担保。因徐某的妻子不想在自己的房子上设立抵押权，徐某经过咨询，得知可以将应收账款进行出质。为此，徐某便将某工厂欠自己的6万元应收账款出质，并于2021年3月15日办理了出质登记。那么请问，以应收账款出质的，质权在什么时候开始设立？

法律解析

对于质权的设立时间，我国《民法典》第445条规定："以应收账款出质的，质权自办理出质登记时设立。应收账款出质后，不得转让，但是出质人与质权人协商同意的除外。出质人转让应收账款所得的价款，应当向质权人提前清偿债务或者提存。"据此可知，应收账款也可以作为出质的客体，质权自办理出质登记时设立。当事人以应收账款出质的，应到中国人民银行征信中心办理出质登记。

在上面的案例中，徐某与他人签订民间借贷合同，以自己对某工厂的应收账款作为标的设立质权。徐某在2021年3月15日办理了登记，故质权在办理出质登记时设立。

法条链接

《中华人民共和国民法典》第445条

106. 同一财产既设立抵押权又设立质权的，其清偿顺序是什么？

案情回放

仲某在村子里经营了一家生产踢脚线的工厂。2021年4月，仲某准备扩大工厂的规模，但其现有的资金不够，于是，他向朋友吴某借款10万元。为确保仲某能够按时还款，吴某要求仲某提供抵押物。因此，仲某将自己工厂的一辆价值20万元的货车抵押给吴某，并进行了登记。因所需资金较多，仲某在2021年5月，又将自己的这辆货车质押给程某。吴某得知仲某又将货车质押给程某后，非常担心，害怕一旦仲某无法偿还欠款，不知道清偿顺序是什么。那么请问，既设立抵押权又设立质权的，其清偿顺序是什么？

法律解析

在现实生活中，设立抵押权和质权是为了担保清偿债务，以保证债权人的债权实现，并且这两者都属于法定担保物权。然而，有时债务人为了使自己的财产能够得到充分利用，其可能在同一动产上同时设立抵押权和质权。此时，便会出现债务的清偿顺序问题。关于同一财产同时设立多个担保物权的，其清偿顺序在我国《民法典》第415条有明确规定："同一财产既设立抵押权又设立质权的，拍卖、变卖该财产所得的价款按照登记、交付的时间先后确定清偿顺序。"

在上面的案例中，仲某为给吴某和程某提供担保，在自己的一辆货车上同时设立了抵押权和质权。根据上述法律的规定，若仲某无法偿还借款，在对他的货车进行拍卖或变卖时，所得的价款应先清偿吴某的债务。因为吴某的抵押权设立在先，并进行了登记，程某的质权设立在后。所以，吴某的债权优先受偿。

法条链接

《中华人民共和国民法典》第415条

107. 在何种情形下，留置权将予以实现？

案情回放

沈某购买了一辆大型农用收割机，以在秋收时帮助他人收割玉米赚钱。2021 年 5 月，沈某的收割机在工作过程中发生故障，被送到某维修中心进行修理。因收割机已经超过了保修期，故沈某需要支付近 6000 元的修理费。而此时沈某家里的闲钱不够，于是，沈某与维修中心的老板商量，是否可以先欠着维修款。维修中心的老板称可以先将收割机留置在维修中心，等沈某支付维修费用后再将收割机取走。那么请问，在什么情况下，维修中心的老板的留置权将予以实现？

法律解析

留置权，是指债权人通过合法手段占有债务人的财物，在由此产生的债权未得到清偿以前，债权人有权留置该项财物。如果超过一定期限债权人仍未得到清偿，其可以依法变卖留置财物，并从价款中享有优先受偿的权利。留置权属于法定担保物权，占有留置物为其成立的条件之一，但占有留置物要以合法的方式进行。那么，在什么情况下，债权人可以行使留置权呢？对此，我国《民法典》第453条规定："留置权人与债务人应当约定留置财产后的债务履行期限；没有约定或者约定不明确的，留置权人应当给债务人六十日以上履行债务的期限，但是鲜活易腐等不易保管的动产除外。债务人逾期未履行的，留置权人可以与债务人协议以留置财产折价，也可以就拍卖、变卖留置财产所得的价款优先受偿。留置财产折价或者变卖的，应当参照市场价格。"由此可知，一般情况下，债务人未在债务履行期限内偿还债务的，则留置权人可以变卖留置的财产。

在上面的案例中，沈某与维修中心的老板并未约定债务履行期限，故维修中心的老板应当给沈某60日以上的履行期限。若沈某没有在此期限内偿还维修费用，那么维修中心的老板就可以行使留置权，将沈某的农用收割机变卖或者拍卖。

法条链接

《中华人民共和国民法典》第453条

108. 保证合同能以口头形式订立吗？

案情回放

于某夫妇是某村村民，两人在当地承包了50亩果园，一直以此为生。2021 年 5 月，于某想扩大果园的规模，再多承包附近的 20 亩果园，以增加收益。但是，承包果园后，前期需要不断投资，而于某资金不足，于是准备向朋友借钱，同时请另一个朋友方某作担保。但是，于某当时只是与方某口头约定了担保的事情。那么请问，保证合同是否能以口头形式订立？

法律解析

保证合同不能以口头形式订立。关于保证合同的订立形式，我国《民法典》第 685 条规定："保证合同可以是单独订立的书面合同，也可以是主债权债务合同中的保证条款。第三人单方以书面形式向债权人作出保证，债权人接收且未提出异议的，保证合同成立。"由此可见，签订保证合同必须采用书面形式，不能只进行口头约定，仅是口头的保证承诺是没有法律效力的。由于保证合同关系到债权人的利益，为保障债权人的合法权益，使保证人在债务人不能履行债务时承担保证责任，避免其逃避责任，故需要采用书面形式。此外，根据《民法典》第 684 条的规定："保证合同的内容一般包括被保证的主债权的种类、数额，债务人履行债务的期限，保证的方式、范围和期间等条款。"

在上面的案例中，于某请方某作保证人，其必须签订书面保证合同或保证条款，抑或提供书面的保证书等，而不能仅作口头约定，口头约定不具有任何保证方面的法律效力。

法条链接

《中华人民共和国民法典》第 684 条、第 685 条

109. 保证人只在借款合同上签字的，是否需承担保证责任？

案情回放

孙某在某村种植大棚蔬菜，由于其管理得当，收益非常好。后来，孙某准备扩大大棚的面积，用来种植一些葡萄，扩大利润。由于修建大棚需要购买原材料，在大棚修建完之后，孙某发现自己的钱已经不够再购买其他材料了。于是，孙某想向他人借款，等葡萄收获时再偿还。经过他人的介绍，孙某与周某签订了借款合同，并且由孙某的表姐张某作为保证人，在借款合同上签字。可周某认为，张某不能只在主合同上签字，也要另行订立保证合同并签字，否则，张某可能无须承担保证责任。那么请问，保证人只在借款合同上签字的，是否需承担保证责任？

法律解析

我国《民法典》第 685 条规定："保证合同可以是单独订立的书面合同，也可以是主债权债务合同中的保证条款。第三人单

方以书面形式向债权人作出保证，债权人接收且未提出异议的，保证合同成立。”一般情况下，即使主合同中没有保证条款，但是保证人明确作出保证的意思表示，并在主合同上以保证人身份签字、盖章或者按手印的，可以认为其有为债务人提供保证的意思表示，保证合同成立。

在上面的案例中，虽然没有专门订立保证合同，但是张某已经在借款合同上签字，故可以认为张某的保证责任成立。所以，周某的顾虑是多余的。

法条链接

《中华人民共和国民法典》第685条

110. 因他人威胁而提供保证的，保证人是否还需要承担保证责任？

案情回放

赵某是一名厨师，原来他一直在城里的一家酒店上班，妻子和孩子都在农村老家。后来，赵某觉得不能总是与妻子两地分居，因此便辞职回到老家。回到老家后，赵某准备开一家农家乐。但由于创业需要投入一定的资金，而赵某现有的存款只有3万元，为此，赵某准备向朋友借钱。赵某的朋友要求他提供保证人。于是，赵某找到自己以前的同事曾某，希望他可以作保证人，但曾某不同意。此时，赵某却威胁曾某，若曾某不作保证人，那么他就将曾某的秘密泄露出去，让曾某人设崩塌、颜面扫地。在赵某的威胁下，曾某只能答应作保证人。那么请问，因他人威胁而提供保证的，保证人是否还需要承担保证责任？

法律解析

在民事活动中，自愿是一项基本原则，任何人都不能强制他人做出违背真实意思表示的事情。在担保物权中，作为保证人，债务人也应当遵循他人的意愿，不能强迫他人为自己提供保证。我国《民法典》第 150 条规定："一方或者第三人以胁迫手段，使对方在违背真实意思的情况下实施的民事法律行为，受胁迫方有权请求人民法院或者仲裁机构予以撤销。"由此可知，主合同债务人采取欺诈、胁迫等手段，使保证人在违背真实意思的情况下提供保证的，保证人有权请求人民法院或仲裁机构撤销担保行为。也就是说，只有保证人在真实意思下所提供的担保才是合法有效的。

在上面的案例中，赵某要求曾某作为保证人，他应当尊重曾某的意愿，若曾某不愿意，其也不能作出威胁。所以，赵某通过威胁手段要求曾某作为保证人，其做法是不合法的，曾某有权请求法院或仲裁机构予以撤销。一旦撤销，曾某也无须再承担保证责任。

法条链接

《中华人民共和国民法典》第150条

111. 没什么收入或收入不稳定的人可以做保证人吗?

案情回放

2021年3月，张某的父亲因突发心脏病而住院。医生经过诊断后，告诉张某其父需要做心脏搭桥手术。然而，这次心脏搭桥手术需要近10万元的手术费。张某夫妇一时间无法支付如此昂贵的手术费，但父亲的手术也不能耽误。于是，张某决定借钱为父亲做手术。后来，张某的朋友答应借钱给张某，但言外之意希望张某提供一些保证。张某找了自己的侄子张三作保证人。但张三每天不务正业，没有什么收入来源，所以张某的朋友认为张三不具备做保证人的条件，不同意张三做保证人。那么请问，张三能作保证人吗?

法律解析

关于保证人的资格，我国《民法典》第681条规定："保证合同是为保障债权的实现，保证人和债权人约定，当债务人不履行到期债务或者发生当事人约定的情形时，保证人履行债务或者承担责任的合同。”可见，在现实生活中，债权人要求债务人提供保证人，是为了使自己的债权可以得到保障，以保护自己的合法权益。所以，对于保证人，其必须具有清偿债务的能力。如果保证人没有清偿能力，那么是不具有保证人资格的。也就是说，如果保证人是自然人，其必须有完全民事行为能力且具备清偿能力。

在上面的案例中，张某的侄子张三没有什么收入来源，所以可以推定他并不具备清偿能力。所以，张三不符合作保证人的条件，故张某的朋友不同意其作保证人的做法是正确的。

法条链接

《中华人民共和国民法典》第681条

112. 保证合同里没有约定保证责任类型的，保证人应承担何种保证责任？

案情回放

2021年2月，许某想给儿子在县城买一套房子。为减轻儿子的压力，许某准备付全款。可是，许某手里的存款不够，还差20万元。为此，许某便向他的朋友言某借款20万元。为了保证许某能够偿还借款，言某要求许某提供保证人。于是，许某请他的表弟曾某作为保证人。后来，曾某作为保证人在保证合同的落款处签了字。但是，保证合同中并未约定曾某承担保证责任的方式是一般保证还是连带保证。那么请问，在双方没有约定保证责任类型的情况下，保证人应承担何种保证责任？

法律解析

关于保证的方式，我国《民法典》第686条规定："保证的方式包括一般保证和连带责任保证。当事人在保证合同中对保证方式没有约定或者约定不明确的，按照一般保证承担保证责任。"由此可知，在保证合同中，若没有约定保证方式的，则保证人按照一般保证承担保证责任。同时，《民法典》第687条规定："当事人在保证合同中约定，债务人不能履行债务时，由保证人承担保证责任的，为一般保证。一般保证的保证人在主合同纠纷未经审判或者仲裁，并就债务人财产依法强制执行仍不能履行债务前，有权拒绝向债权人承担保证责任，但是有下列情形之一的除外：（一）债务人下落不明，且无财产可供执行；（二）人民法院已经受理债务人破产案件；（三）债权人有证据证明债务人的财产不足以履行全部债务或者丧失履行债务能力；（四）保证人书面表示放弃本款规定的权利。”可见，一般保证中，只有在主合同纠纷经审判或仲裁并且强制执行后债务人仍没有能力履行债务的，保证人才承担保证责任。

在上面的案例中，由于许某、曾某、言某并未约定保证方式，所以，根据法律的规定，曾某作为保证人应当承担一般保证责任。只有在许某与言某的借款纠纷经过审判或仲裁，并就许某的财产依法强制执行仍不能履行还款时，曾某才需要就许某的欠款承担保证责任。

法条链接

《中华人民共和国民法典》第686条、第687条

113. 连带保证责任是怎么回事？

案情回放

顾某是某村村民，一直从事长途运输。2021年3月，由于原来的货车已经达到使用年限，必须报废，需要更换一辆新的货车。但是，购买新货车需要花费近35万元，而顾某的积蓄只有25万元，对于剩下的钱款，顾某准备向他人借款。在朋友沈

某的介绍下，顾某从他人那里借款10万元，可是，出借人要求顾某提供保证。为此，顾某请朋友沈某作为保证人。双方在签订借款合同时，沈某作为保证人在合同上签字时，发现上面写的自己承担的是连带保证责任。沈某看到后非常困惑，不知道什么是连带保证责任。那么请问，什么是连带保证责任？

法律解析

连带保证责任是保证人承担保证责任的一种方式，我国《民法典》第686条第1款规定：“保证的方式包括一般保证和连带责任保证。”可见，在现实生活中，作为保证人，承担的保证责任分为一般保证与连带责任保证。而连带责任保证，《民法典》第688条规定：“当事人在保证合同中约定保证人和债务人对债务承担连带责任的，为连带责任保证。连带责任保证的债务人不履行到期债务或者发生当事人约定的情形时，债权人可以请求债务人履行债务，也可以请求保证人在其保证范围内承担保证责任。”相对于一般保证而言，连带保证方式的保证人的责任较重，但其有利于保护债权人利益。如果在保证期间内，债务人不能履行到期的债务，债权人有权依法向连带责任保证人请求承担保证责任，保证人不得拒绝。

在上面的案例中，顾某与他人的借款合同中约定了保证的方式是连带责任保证，故沈某作为保证人签字后，他应承担连带保证责任。如果借款到期，顾某无法履行偿还借款的义务，则债权人有权要求沈某承担偿还责任，并且沈某不得拒绝。

法条链接

《中华人民共和国民法典》第 686 条第 1 款、第 688 条

114. 不知情之下为赌债进行的担保是否具有法律效力？

案情回放

2021 年年初，范某的好哥们儿王某找到他，请范某提供担保。范某询问后，王某告诉范某，他向一个朋友借了一笔钱，但是需要提供担保，所以想请范某作保证人。范某觉得王某是自己的好朋友，而且平日里非常守信用，认为他肯定会按时还钱的。因此，范某便非常爽快地答应了为王某作保证人。后来，范某作为保证人在保证合同上签字。在签字后一段时间，范某才得知原来王某的借款是欠了别人的赌债。对此，范某非常担心，便四处咨询自己在不知情的情况下为他人的赌债进行担保是否有效。那么请问，不知情的当事人为赌债进行的担保是否具有法律效力呢？

法律解析

范某的担保是无效的，其无须承担保证责任。在我国，赌债是得不到法律保护的，而王某与他人之间的借款合同实际上是赌债，故是无效的。我国《民法典》第 388 条规定："设立担保物权，应当依照本法和其他法律的规定订立担保合同。担保合同包括抵押合同、质押合同和其他具有担保功能的合同。担保合同是主债权债务合同的从合同。主债权债务合同无效的，担保合同无效，但是法律另有规定的除外。担保合同被确认无效后，债务人、担保人、债权人有过错的，应当根据其过错各自承担相应的民事责任。"据此可知，主合同无效的，担保合同也无效。倘若担保人有过错的，则需要承担相应的民事责任。

在上面的案例中，王某与他人之间的借款合同是主合同，保证合同是从合同。因赌债不受法律保护，故主合同无效，而保证合同也因主合同的无效而失去法律效力。并且范某在签订保证合同时也是不知情的，所以范某不存在过错，其无须对王某的赌债承担保证责任。

法条链接

《中华人民共和国民法典》第 388 条

115. 债权人不需要债务人还款的，保证人还需要承担保证责任吗?

案情回放

小成结婚后，准备自己创业，不再依靠父母。后来，在和妻子商量之后，两人准备在村子里开一家超市。可是，两人在经过计算后，发现除去现有的积蓄还差近5万元。为了使超市能够顺利开业，小成的妻子小红便向自己的同学借钱。小红的同学答应借钱给他们，但是要求小红最好能够提供保证人。于是，小红请自己的父亲作为保证人。后来，由于超市收益非常好，小红准备将借款还给同学。但小红的同学看到超市发展得不错，又考虑到农村市场前景广阔，于是便说，这5万元钱就作为对超市的投资，不需要小红再还了。可是，小红同学的母亲不同意，事后她又要求小红的父亲还钱。那么请问，债权人不需要债务人还款的，保证人还需要承担保证责任吗?

法律解析

债权人拒绝债务人偿还借款的，保证人无须再承担保证责任。对此，我国《民法典》第557条规定:“有下列情形之一的，债权债务终止：……（四）债权人免除债务；……合同解除的，该合同的权利义务关系终止。”据此可知，债权人免除债务的，其合同权利义务终止。也就是说，债务的免除使得主债权归于消灭。主债权消灭后担保物权也消灭。

在上面的案例中，小红的同学作为债权人，他已经用投资入股的方式免除了小红、小成的债务，所以其与小红、小成之间的债权债务关系也随之消灭。由于他们之间的借款合同是主合同，保证合同是从合同，主债权消灭的，则保证合同也随之消灭。所以，小红的父亲作为保证人，也无须再承担还款义务。

法条链接

《中华人民共和国民法典》第557条

图书在版编目 (CIP) 数据

村民民法典实用手册 : 以案释法版 / 中国法制出版社编. —北京: 中国法制出版社，2022.12（2025.5 重印）
（民法典“六进”系列）
ISBN 978-7-5216-2808-1

Ⅰ. ①村… Ⅱ. ①中… Ⅲ. ①民法—法典—法律解释—中国 Ⅳ. ① D923.05

中国版本图书馆 CIP 数据核字（2022）第 138812 号

责任编辑：程 思　　封面设计：杨鑫宇

村民民法典实用手册：以案释法版
CUNMIN MINFADIAN SHIYONG SHOUCE: YI'AN SHIFABAN

编者 / 中国法制出版社
经销 / 新华书店
印刷 / 北京虎彩文化传播有限公司
开本 / 880 毫米 × 1230 毫米 32 开　　印张 /7.625 字数 /138 千
版次 / 2022 年 12 月第 1 版　　2025 年 5 月第 10 次印刷

中国法制出版社出版
书号 ISBN 978-7-5216-2808-1　　定价：32.00 元

北京市西城区西便门西里甲 16 号西便门办公区
邮政编码：100053　　传真：010-63141600
网址：http://www.zgfzs.com　　编辑部电话：010-63141806
市场营销部电话：010-63141612　　印务部电话：010-63141606
（如有印装质量问题，请与本社印务部联系。）